“ධම්මෝ හි වාසෙට්ඨා, සෙට්ඨෝ ජනේතස්මිං
දිට්ඨේ චේව ධම්මේ, අභිසම්පරායේ ච.”

වාසෙට්ඨයෙනි, මෙලොවෙහි ත්, පරලොවෙහි ත්
ජනයා අතර ධර්මය ම ශ්‍රේෂ්ඨ වෙයි !

- අග්ගඤ්ඤ සූත්‍රය - භාග්‍යවත් බුදුරජාණන් වහන්සේ

නුවණ වැඩෙන බෝසත් කථා - 31

ජාතක පොත් වහන්සේ

(චීවර වර්ගය)

පූජ්‍ය කිරිබත්ගොඩ ඤාණානන්ද ස්වාමීන් වහන්සේ

© සියලුම හිමිකම් ඇවිරිණි.

ISBN : 978-955-687-152-4

ප්‍රථම මුද්‍රණය	:	ශ්‍රී බු.ව. 2561 ක් වූ නවම් මස පුන් පොහෝ දින
සම්පාදනය	:	මහමෙව්නාව භාවනා අසපුව වඩුවාව, යටිගල්ඔළුව, පොල්ගහවෙල. දුර : 037 2244602 info@mahamevnawa.lk | www.mahamevnawa.lk

පරිගණක අකුරු සැකසුම, පිටකවර නිර්මාණය සහ ප්‍රකාශනය :

මහාමේඝ ප්‍රකාශකයෝ

වඩුවාව, යටිගල්ඔළුව, පොල්ගහවෙල.

දුර : 037 2053300, 076 8255703

mahameghapublishers@gmail.com

මුද්‍රණය	:	ලීඩ්ස් ග්‍රැෆික්ස් (පුද්.) සමාගම, අංක 356 E, පන්නිපිටිය පාර, තලවතුගොඩ. ටෙලි: 011-4301616 / 0112-796151

නුවණ වැඩෙන
බෝසත් කථා - 31
ජාතක පොත් වහන්සේ
(චීවර වර්ගය)

සරල සිංහල පරිවර්තනය

පූජ්‍ය කිරිබත්ගොඩ ඤාණානන්ද
ස්වාමීන් වහන්සේ

මහාමේඝ
MAHAMEGHA

ප්‍රකාශනයකි

පෙරවදන

ජාතක පොත් වහන්සේ ඔබ කියවලා ඇති. කුඩා අවධියේත්, පාසලේදීත්, සරසවියේත්, පන්සලේ බණ මඩුවේත්, වෙසක් නාඩගමේත් අපි ජාතක කථා රස වින්දෙමු. නමුත් එහි සැබෑ අරුත කුමක් දැයි තේරුම් ගන්නට අප සමත් වූ වගක් නම් නොපෙනේ.

'නුවණ වැඩෙන බෝසත් කථා' නමින් ඒ ජාතක කථා ඔබේම භාෂාවෙන් ඔබට කියවන්නට ලැබෙන්නේ එයින් ඉස්මතු වන අරුතත් සමඟිනි. මෙහි අරුත් දැන එම කථාවත් මතක තබා ගෙන සත්පුරුෂ ගුණධර්ම දියුණු කර ගන්නට මහන්සි ගන්නේ නම් එය ජාතක කථාවෙන් ඔබට ලැබෙන සැබෑම ප්‍රතිඵලයයි.

හැම දෙනාටම තෙරුවන් සරණයි!

මෙයට,

ගෞතම බුදු සසුන තුළ මෙත් සිතින්,

පූජ්‍ය කිරිබත්ගොඩ ඤාණානන්ද ස්වාමීන් වහන්සේ

ශ්‍රී බුද්ධ වර්ෂ 2560 ක් වූ වෙසක් මස 31 දා

මහමෙව්නාව භාවනා අසපුව

වඩුවාව, යටිගල්ඔළුව,

පොල්ගහවෙල.

පටුන

31. චීවර වර්ගය

නමෝ තස්ස භගවතෝ අරහතෝ සම්මාසම්බුද්ධස්ස
ඒ භාග්‍යවත් අර්හත් සම්මා සම්බුදුරජාණන් වහන්සේට නමස්කාර වේවා!

01. චුල්ල කාලිංග ජාතකය

කලිඟු රජ්ජුරුවෝ යුද්ධයට ගිය කතාව

පින්වතුනේ, පින්වත් දරුවනේ,

මේ සංසාරගත ජීවන රටාව හරි පුදුමයි. අපට වුනත් වෙනවා ඇත්තේ මෙහෙම තමා. ඒ කියන්නේ සංසාරේ යම් යම් ආත්මවලට අපට සම්බන්ධ අය ආයෙමත් මුණ ගැහෙනවා. මේ කතාවෙන් කියවෙන්නේත් ලස්සන දෙයක්. පරිබ්‍රාජිකා තාපසියන් හතර දෙනෙක් අපගේ ධර්මසේනාධිපතීන් වහන්සේ සමඟ වාදෙට ඇවිත් පරදිනවා. ඊට පස්සේ ඔවුන් උප්පලවණ්ණා මෙහෙණිය ළඟට ගොස් භික්ෂුණීන් බවට පත්වෙනවා. ඒ කතාව විස්තර වෙන්නේ මෙහෙමයි.

ඒ දිනවල අපගේ භාග්‍යවතුන් වහන්සේ වැඩ වාසය කොට වදාළේ සැවැත් නුවර ජේතවනයේ. ඔය කාලේ විශාලා මහනුවර තිබුනේ ලිච්ඡවීන්ගේ රාජ්‍යයක්. එහි සත්දහස් හත්සිය හතක් සාමාජික පිරිස සිටියා. ඔවුන් එක් රැස්වෙලා ඔවුනොවුන් සමඟිව සාකච්ඡා කිරීමෙනුයි ඒ ලිච්ඡවී රාජ්‍ය පාලනය කළේ.

දවසක් වාද කතා පන්සියයක් දන්නා බොහෝ

දැනුමැති නිගණ්ඨ තවුසෙක් විශාලා මහනුවරට ආවා. ලිච්ඡවීන් මොහුට ඉතා හොඳින් සංග්‍රහ කළා. ටික දවසකින් එවැනිම මහා උගත්කමක් ඇති නිගණ්ඨ තවුසියකුත් ඔය නුවරට ආවා. එතකොට ලිච්ඡවී රජවරු වාද මණ්ඩපයක් තනවා මේ දෙන්නා ලවා මහා වාදයක් කෙරෙව්වා. දෙන්නාගෙන් එක්කෙනෙක්වත් පැරදුනේ නෑ. හරි හරියට වාදේ කළා. දෙන්නා ම දක්ෂකමින් සමානයි. එතකොට ලිච්ඡවීන්ට මෙහෙම හිතුනා 'ෂාහ්.. හරි අපූරුයි නොවැ. දෙන්නම දක්ෂයි. ඉතින් මේ දෙන්නාගෙන් දරුවෙක් උපන්නොත්, පිය පක්ෂයේ දක්ෂකමත්, මව් පක්ෂයේ දක්ෂකමත් එකට එකතුවෙලා මහා ව්‍යක්තයෙක් වේවි' කියලා මෙහෙම සිතලා මේ දෙන්නව කසාද බන්දලා දුන්නා. කලක් යද්දී මේ ගිහි වුන නිගණ්ඨ ජෝඩුවට ගෑණු දරුවන් හතරදෙනෙකුයි එක් පිරිමි දරුවෙකුයි උපන්නා. ඔවුන් දෙන්නා තමන්ගේ දියණිවරුන්ට "සත්‍යා, ලෝලා, අවවාදකා, පටාචාරා" යන නම් දැම්මා. පුත්‍රයාට "සච්චක" යන නම දැම්මා.

ඉතින් මේ දෙමාපියෝ තමන්ගේ දරුවන්ට මව් පක්ෂයේ වාද පන්සියයත් පිය පක්ෂයේ වාද පන්සියයත් යන වාද දහස ම ඉගැන්නුවා. උගන්නලා දියණිවරුන්ට මෙහෙම කිව්වා.

"දියණිවරුනේ, ඔයාලා දැන් භයක් නැතිව මේ වාද දහස අරගෙන ඕනෑම තැනක යන්ට. හැබැයි කවුරු හරි ගිහියෙක් ඔයාලාව වාදෙන් පැරැද්දුවොත් ඔයාලා ඔහුගේ උපස්ථායිකා බිරින්දෑවරු වෙන්ට. පැවිද්දෙක් ඔයාලාව පැරැද්දුවොත් ඒ පැවිද්දා ළඟ ඔයාලත් පැවිදි වෙන්ට.

කලක් ගතවෙද්දී ඒ නිගණ්ඨ දෙමාපියෝ අභාවයට පත් වුනා. සච්චක නිගණ්ඨ පුත්‍රයා මහා ප්‍රසිද්ධියට පත් වුනා. ඔහු ලිච්ඡවීන්ගේ දරුවන්ට ශිල්ප උගන්වමින් විශාලා මහනුවර ම වාසය කළා.

ඔහුගේ සහෝදරියන් සතර දෙනා තමන් එක්ක වාදයට කැඳවීම පිණිස ජම්බු අත්තකුත් රැගෙන දඹදිව නගරයක් ගානේ ගියා. ඔහොම යන අතරේ සැවැත්නුවරටත් ආවා. ඇවිදින් ජම්බු අත්ත වැලිගොඩක සිටෙව්වා. සිටවා මෙහෙම කිව්වා.

"ඒයි... හොඳින් අසාපල්ලා... ඕං අපි මෙතන ජම්බු අත්තක් සිටෙව්වා. කවුරු හරි අපිත් එක්ක වාදයට පැටලෙන්ට සතුටු නම්, එයා ගිහියෙක් වුනත්, පැවිද්දෙක් වුනත් කරන්ට ඕනෑ එක දෙයයි. මේ වැලිගොඩ පයින් විසුරුවා මේ ජම්බු අත්ත පයින් පාගා දැමීමයි. ඉතිරි හරිය අපි බලාගන්නම්" කියලා ඔවුනුත් සැවැත්නුවරට පිඬු සිඟා ගියා.

එදා අපගේ ධර්මසේනාධිපති සාරිපුත්තයන් වහන්සේ කුටිය හැමද, කළයට පැන් පුරවා, ගිලනුන්ට උපස්ථාන කොට ටිකක් දවල් වෙලා සැවැත්නුවරට පිඬු සිඟා වැඩියේ. උන්වහන්සේටත් මේ නගරද්වාරයේ සිටුවා ඇති ජම්බු අත්ත දකින්ට ලැබුනා. ඒ ගැන පරිබ්‍රාජිකාවන් කියූ කතාව අසන්ට ලැබුනා. එතකොට උන්වහන්සේ පාරේ සෙල්ලම් කරමින් සිටි දරුවන්ට මෙහෙම කිව්වා.

"දරුවෙනි, මෙහෙ එන්ට... ආං අර අතන තියෙන වැලි ගොඩත් විසුරුවලා, අර අත්තත් පාගා දමන්ට. ඔය අත්ත සිටවාපු අය ඇවිත් මෙය කාගේ වැඩක් දැයි අසන්ට පුළුවනි. එතකොට දරුවෙනි, එයාලට කියන්ට

මං ය ඒක කෙරෙව්වේ, ඕනෑ නම් ජේතවන දොරටුව ළඟදී මාව මුණ ගැසෙන්ටත් ඇහැක කියලා."

එතකොට ඒ දරුවනුත් අපගේ සාරිපුත්තයන් වහන්සේ වදාළ විදිහට ම ජම්බු අත්ත පාගා පොඩිකර දැවා. සාරිපුත්තයන් වහන්සේ නගරයට වැඩලා පිණ්ඩපාතය වළඳා ජේතවන දොරටුව ළඟට ඇවිත් සිටියා.

පරිබ්‍රාජිකාවෝ ඇවිත් බලද්දී ජම්බු අත්ත පාගා පොඩිකොට දමා තිබුනා. ළමයි දුවගෙන ඇවිත් මෙහෙම කිව්වා.

"පරිබ්‍රාජිකාවෙනි, අපියි මෙය පයින් පොඩිකර දැවේ. අපට අපගේ ධර්මසේනාධිපතීන් වහන්සේ වදාළේ එහෙම කරන්ට කියා. ඔහේලා වාදෙට පැටලෙන්ට සතුටු නම් ආං උන්නාන්සේ ජේතවන දොරටුව ළඟ වැඩ ඉන්නවා. ගොහින් මුණ ගැහෙන්ට."

එතකොට පරිබ්‍රාජිකාවෝ කෙලින් ම ජේතවන දොරටුව ළඟට ගියා. ගිහින් අපගේ ධර්මසේනාධිපතීන් වහන්සේ සමඟ වාදෙට පැටලුණා. ඉගෙන ගත් වාද කතා දහස ම ඉදිරිපත් කළා. සාරිපුත්තයන් වහන්සේ එකක් නෑර ඒවා තෝරලා බේරලා විසඳලා දුන්නා. "කෝ... ඔය පරිබ්‍රාජිකාවන්ට තව මුකුත් අහන්ට තියෙනව ද?"

"අනේ ස්වාමි... අපි ඔයිට වඩා දන්නේ නෑ."

"එහෙනම් මාත් ඔය පරිබ්‍රාජිකාවන්ගෙන් කිසිවක් අසන්ට ද?"

"අසන්ට ස්වාමී, අපි දන්නවා නම් උත්තර දෙන්නම්."

"එහෙනම් මේක තෝරලා දෙන්ට. එක කියන්නේ කුමක් ද?"

එතකොට පරිබ්‍රාජිකාවෝ බිරාන්ත වෙලා ගියා. කාටවත් එක කියන්නේ කුමක්ද කියා හිතාගන්ට බැරිව ගියා. අපගේ සාරිපුත්තයන් වහන්සේ "එක කියන්නේ, සියලු සත්වයෝ ආහාරය නිසා යැපෙන බවයි" කියා විස්තර කොට වදාළා. පරිබ්‍රාජිකාවෝ පැරදුනා. ඔවුන් මෙහෙම කිව්වා.

"ස්වාමී... අපි පැරදුනා. තමුන්නාන්සේ දින්නා. ඔය වාදකතා දහස ම අපට උගන්නාපු අපගේ මාපියෝ අපට කීවේ "පුතේ ඔයාලාව මේ වාදයන්ගෙන් පරදවන්නේ ගිහියෙක් නම්, ඔයාලා ඔහුගේ බිරින්දෑවරු වෙන්ට. ඉදින් පැවිද්දෙක් පැරැද්දුවොත් ඔහු ළඟ ඔයාලත් පැවිදි වෙන්ට" කියලයි. අනේ ස්වාමී... අපට තමුන්නාන්සේ ළඟ පැවිදි වෙන්ට ඕනෑ.

එතකොට අපගේ සාරිපුත්තයන් වහන්සේ ඒ පරිබ්‍රාජිකාවන්ව අපගේ උප්පලවණ්ණා රහත් මෙහෙණිය ළඟට පිටත් කරවා පැවිදි බව ලබා දුන්නා. වැඩි කලක් ගියේ නෑ. ඒ භික්ෂුණීන් සතර දෙනා ම උතුම් රහත් ඵලයෙහි පිහිටියා.

දවසක් දම්සභා මණ්ඩපයේ රැස්වූ භික්ෂූන් වහන්සේලා මේ ගැන කතා කරමින් සිටියා. "හරි පුදුමයි ඇවැත්නි, අපගේ සාරිපුත්තයන් වහන්සේ නගරයක් ගානේ වාද කර කර ගිය පරිබ්‍රාජිකාවන්ට පිහිට වූ හැටි. දැන් ඒ ඇත්තෝ රහත් ඵලයටත් පත්වුනා නොවැ. මේක නම් හැබෑම උපකාරයක් තමා."

ඒ අවස්ථාවේ අපගේ ශාස්තෘන් වහන්සේ එතැනට වැඩම කොට වදාළා. භික්ෂූන් වහන්සේලා තමන් කතා කරමින් සිටි කරුණ භාග්‍යවතුන් වහන්සේට සැළ කළා. භාග්‍යවතුන් වහන්සේ මෙසේ වදාළා. "මහණෙනි, අපගේ සාරිපුත්තයෝ ඔය ඇත්තියන්ට පිහිට වුනේ දැන් මේ ආත්මේ විතරක් නොවෙයි. මේ ආත්මෙ පැවිද්ද නමැති අභිෂේකය ලබා දුන්නා. කලින් ආත්මෙක සාරිපුත්තයෝ ඔය ඇත්තියන්ට රාජ මහේෂිකා තනතුරු ලබා දුන්නා" කියා මේ අතීත කතාව ගෙන හැර දක්වා වදාළා.

"මහණෙනි, ගොඩාක් ඉස්සර කාලෙක කළිඟු රටේ දන්තපුර කියන නගරේ කළිඟු යන නමින් රජ්ජුරු කෙනෙක් රාජ්‍ය විචාරමින් සිටියා. අස්සක කියන රටේ පෝතලී කියන නගරේ අස්සක නමින් රජෙක් රාජ්‍ය විචාරමින් සිටියා.

ඔය කළිඟු රජ්ජුරුවන්ට මහා බලසම්පන්න හමුදා බලයක් තිබුනා. තමාත් මහා හස්තිරාජයෙකුගේ බලයෙන් යුක්තයි. ඔහු සමඟ සටන් කරන්ට ඇහැකි කවුරුත් සිටියේ නෑ. දවසක් මොහු ඇමතියන් රැස් කරවා මෙහෙම කිව්වා.

"හහ්... හහ්... හා... අමාත්‍යවරුනි... ඒ..! මං යුද්ධ කරන්ට ආශාවෙන් ඉන්නේ. කෝ සටනට කවුරුත් නෑ නොවැ. දැන් මොකදෑ කොරන්නේ?

"මහ රජ්ජුරුවන් වහන්ස, ඕකට උපායක් නම් තියෙනවා. උත්තම රූපධාරී දෙවඟනන් වැනි පින්වත් රාජකන්‍යා දියණිවරු සිව්දෙනෙක් ම තමුන්නාන්සේට ඉන්නවා නොවැ. අපි ඒ රාජ කන්‍යාවෝ සිව්සැටබරණින් සරසවා යානාවක වඩාහිඳුවා, වට තිරවලින් ආවරණය

කොරලා හිටං, හමුදා රැකවල් ඇතිව එක එක රාජධානියට පිටත් කොම්මු. එතකොට යම් රජෙක් අපගේ රාජකන්‍යාවෝ නවත්තා ගත්තොත්, අපි ඒ රජාත් එක්ක යුද්ධ කොම්මු.

"හභ්... හා... හරි අපූරුයි අමාත්‍යය, හරිම යසයි වැඩේ... එහෙනං එහෙම කොම්මු."

අවට රාජධානිවල රජවරු ඒ වැඩේට බොහෝම භය වුනා. රාජ කන්‍යාවෝ තමන්ගේ රාජධානියට එන්ට කලින්ම නගරෙන් පිටතදී ම පිළිගැනීමේ උත්සව තියලා තෑගි භෝග දීලා ආපසු පිටත් කරනවා. නවාතැන් දෙන්නෙත් පිටි නුවර ම යි. ඔහොම යද්දී ඔය රාජකන්‍යාවෝ අස්සක රටේ පෝතලී නගරයටත් ආවා.

අස්සක රජ්ජුරුවොත් නගරයේ දොරටු වස්සවා, පිටි නුවරදී ම තෑගි භෝග දෙන්ට සැලැස්සුවා. ඔය අස්සක රජ්ජුරුවන්ට 'නන්දිසේන' නමින් සෙන්පති අමාත්‍යයෙක් ඉන්නවා. ඔහු අති දක්ෂයි. උපාය කෞෂල්‍යයෙන් යුක්තයි. ඔහු මෙහෙම සිතුවා.

'මේ රාජ කන්‍යාවෝ රාජධානියක් ගානේ එක්කරගෙන යනවා. සටනට කලඑළි බහින කවුරුත් නෑ. ඒ කියන්නේ එතකොට මේ ජම්බුද්වීපේ එඩිතර යෝධයින්ගෙන් හිස් ද? නෑ... මේ වතාවේ කාලිංග රජ්ජුරුවොත් එක්ක මායි යුද්ධ කරන්නේ.' මෙහෙම සිතලා නගරයේ වසා ඇති දොරටුව ළගට ගිහින් දොරටු පාලයන් අමතා මේ ගාථාව කිව්වා.

(1). දොරටුපාලයෙනි නගරේ
- හරිව් තිබෙන මේ මහදොර

අරුණ නමැති අස්සක
- රජතුමාට හිමි උතුම් නුවර
නන්දිසේන නමැති පුරුෂ
- සිංහයගෙන් රැකෙන නුවර
රැකවල් මෙහි ඇත නිසිලෙස
- හැරිච් වැසූ මේ මහදොර
නුවරට යා යුතුය මෙ මා
- හැරිච් වැසූ මේ මහදොර

ඉතින් නන්දසේන අමාත්‍යයා දොරටු හැරෙව්වා. රාජකන්‍යාවන් නුවර ඇතුළට ගත්තා. කෙළින්ම රාජමාළිගාවට කැඳවාගෙන ගියා. අස්සක රජ්ජුරුවන්ට මෙහෙම කිව්වා. "දේවයනි, කිසිදේකට භයවෙන්ට එපා! මං ඉන්නවා නොවැ. යුද්ධයක් ආවොත් මං බලාගන්නං. මේ උත්තම රූපධාරී රාජකන්‍යාවන් රාජ මහේෂිකාවන් කරගෙන වාසය කළ මැනව" කියලා ඒ රාජකන්‍යාවන් අභිෂේක කෙරෙව්වා. රාජදූවරුන් සමඟ ආ හමුදා සෙනඟට මෙහෙම කිව්වා.

"මිත්‍රවරුනි... ඔබ යන්න. ගොහින් තමුන්නාන්සේලාගේ රජ්ජුරුවන්ට කියන්ට රාජදූවරුන් අස්සක රජ්ජුරුවන්ගේ මහේෂිකාවන් බවට පත් කරගත් වග."

ඔවුන් ගිහින් කාලිංග රජ්ජුරුවන්ට මෙය දන්වා සිටියා. කාලිංග රජ්ජුරුවෝ යුද බලයෙන් මත්ව මෙහෙම කිව්වා. "හනේ... මේකුන් මයෙ බලය නොදන්නා හැටි හැබෑට... ඒයි... සෙන්පතිවරුනි... දැන් ඉතින් බලාඉන්ට නාකයි. සිව්රඟ සෙන් සන්නාහයෙන් සන්නද්ධ කරපල්ලා. යුද බෙර වයපල්ලා... අස්සකයා අල්ලා ගන්ට

පිටත් වෙමු" කියා මහත් බල සේනාවක් අරගෙන පිටත් වුනා.

කළිඟු රජ්ජුරුවෝ එන වග දන්නා නන්දිසේන අමාත්‍යයා 'භවත් රජතුමනි, තමන්ගේ රාජ්‍ය සීමාවේ සිටිය මැනව, රාජ්‍ය සීමාව ඉක්ම නොයනු මැනව, අපි ද අපගේ රාජ්‍ය සීමාවට එන්නෙමු. රාජ්‍ය සීමා දෙක අතරේ යුද්ධය සිදු වනු ඇත්තේ ය!' කියා හසුනක් යැව්වා. එතකොට කළිඟු රජ්ජුරුවෝ ඒ හසුන කියවා තමුන්ගේ රාජ්‍ය සීමාවේ කඳවුරු බැන්දා. අස්සක රජ්ජුරුවෝ තමන්ගේ රාජ්‍යය සීමාවේ කඳවුරු බැන්දා.

ඔය කාලේ මහා බෝධිසත්වයෝ බ්‍රාහ්මණ පවුලක ඉපදිලා ඍෂි පැවිද්දෙන් පැවිදි වෙලා කළිඟු රාජ්‍යයත්, අස්සක රාජ්‍යයත් අතර වනයේ කුටියක වාසය කළේ. කාළිංග රජ්ජුරුවෝ මෙහෙම හිතුවා. මෙහේ හොඳ ශ්‍රමණයෙක් ඉන්නවාය කියා දැනගන්ට ලැබුණා. ශ්‍රමණයෝ කරුණු කාරණා දන්නවා නොවැ. මේ යුද්ධයේදී මොනවා වේදැයි කවුද දන්නෙ? කාට ජය අත්වේ ද, කාට පරාජය අත් වේද' කියා තාපසින්නාසේගෙන් අහන්ට ඕනෑ කියලා වෙස් වළාගෙන බෝධිසත්වයෝ ළඟට ගියා. ගිහින් මෙහෙම කිව්වා.

"පින්වත් තාපසින්නාන්ස, කළිඟු රජ්ජුරුවොයි අස්සක රජ්ජුරුවොයි යුද්ධ කරන්ට ලේස්ති වෙලා තම තමන්ගේ රාජ්‍ය සීමාවල මහා කඳවුරු බැඳගෙන ඉන්නවාලු. හැබෑටම මේ යුද්ධෙන් කවුරු පරදීවි ද, කවුරු දිනාවි ද?

"පින්වත, කාට ජය අත් වේද, කාට පරාජය ලැබේ දැයි කියා මට නිච්චියට ම කියන්ට බෑ. නමුත්

සක්දෙව්රජාණෝ මෙහෙ එනවා නොවැ. මට ඔය ගැන උන්නාන්සේගෙන් අසා දැනගෙන හෙට විතර කියන්ට ඇහැක් වේවි. හෙට ආවොත් මං කියන්නං."

එදා රෑ සක් දෙවිඳු ඇවිදින් බෝධිසත්වයන්ට උවටැන් කොට එකත්පස්ව සිටියා. බෝධිසත්වයෝ මේ යුද්ධය ගැන සක් දෙවිඳුගෙන් ඇසුවා. "ස්වාමීනී, පේන්ට තියෙන නිමිති අනුව නම් කියන්ට තියෙන්නේ මේකයි. කාලිංග රජ්ජුරුවෝ දිනිනවා. අස්සක රජ්ජුරුවෝ පරදිනවා."

පසුවදා වෙස්වළාගත් කාලිංග රජ්ජුරුවෝ ඇවිත් බෝධිසත්වයන් හමු වුණා. "පින්වත... මට සක් දෙවිඳු කීවේ පේන්ට තියෙන නිමිති අනුව දිනුම තියෙන්නේ කළිඟු රජ්ජුරුවෝ අත කියලයි. ඒ කීම අනුව අස්සක රජ්ජුරුවෝ පරදිනවා" කියා බෝධිසත්වයෝ පවසා සිටියා. නමුත් කළිඟු රජ්ජුරුවෝ ඒ පේන්ට තියෙන නිමිති මොනවද කියා ඇසුවේ නෑ. හෝ... මං එහෙනම් දිනිනවා නොවැ කියා සිතා පිටත්ව ගියා.

තාපසින්නාන්සේ අනාවැකියක් කී බවත්, ඒ අනාවැකිය අනුව දිනුම ලැබෙන්නේ කළිඟු රජ්ජුරුවන්ට ය යන කතාව හැම තැනම පැතිර ගියා. අස්සක රජුටත් මෙය ආරංචි වුණා. නන්දිසේන ඇමතියාට කතාකළ රජු මෙහෙම කිව්වා. "අමාත්‍යවර, හරි වැඩේ නොවැ වෙන්ට යන්නෙ. කාලිංගයා දිනිනවාලු, අපි පරදිනවා කියන්නේ. අසවල් තාපසින්නාන්සේලු ඔය අනාවැකිය කියා තියෙන්නේ."

"මහරජ්ජුරුවන් වහන්ස, එයාට ජය ලැබුණා හෝ පැරදුම ලැබුණා හෝ ඒ ගැන දැන් තමුන්නාන්සේ

කල්පනා කරන්ට කාරි නෑ. මාත් ගොහින් කෝකටත් විස්තර දැනගෙන එන්නම්කෝ කියල නන්දිසේන අමාත්‍යයා තාපසින්නාන්සේ බැහැදකින්ට ගියා. ගිහින් වන්දනා කොට එකත්පස්ව වාඩිවුණා.

"ස්වාමීනී, මේ යුද්ධයෙන් කවුද දිනන්නෙ? කවුද පරදින්නේ?"

"පින්වත, පේන්ට තියෙන නිමිති අනුව නම් දිනුම ලැබෙන්නේ කාලිංග රජ්ජුරුවන්ටලු. අස්සක රජ්ජුරුවෝ පරදිනවාලු."

"ස්වාමීනී, දිනන පක්ෂය ගැන දැනගන්ට තියෙන නිමිත්ත මොකක්ද? පරදිනවා කියල අනිත් පක්ෂය ගැන දැනගන්ට තියෙන නිමිත්ත මොකක්ද?"

"පින්වත, ඔය දෙපැත්තට ම ආරක්ෂක දේවතාවෝ ඉන්නවා. දිනින පැත්තේ ආරක්ෂක දේවතාවා හැටියට ඒ යුද්ධ භූමියේදී සර්වප්‍රකාරයෙන් ම සුදු වෘෂභයෙක්ව පෙනේවි. පරදින පැත්තේ ආරක්ෂක දේවතාවා ඒ අවස්ථාවේ පෙන්නුම් කරන්නේ මුළුමනින්ම කළුපාට වෘෂභයෙක් හැටියටයි. ඔය දෙපැත්තේ ම ආරක්ෂක දෙවිවරු යුද්ධ කරලයි ජය පරාජය ඇතිකරලා දෙන්නේ" කියලා බෝධිසත්වයෝ පිළිතුරු දුන්නා.

නන්දිසේන අමාත්‍යයා කාරණය ඔය විදියට පැහැදිලි කරගෙන එතැනින් පිටත්ව ගියා. ගිහින් රජ්ජුරුවන්ට හිතවත් දහසක් පමණ මහ සෙබළ පිරිසක් අරගෙන අසල ඇති කඳු ගැටයකට නැග්ගා. "එම්බා මිත්‍රවරුනි, තමුන්නාන්සේලාට පුළුවන්ද අපගේ රජ්ජුරුවෝ වෙනුවෙන් ඕනෑම වෙලාවක තමන්ගේ ජීවිතය පුදන්නට?"

"එහෙමයි. අපට පුළුවනි."

"හෝ... එහෙමද! එහෙනම් මේ පර්වතයෙන් පහළට පනිව්!" එතකොට ම අර දහසක් සෙබළු පර්වතයෙන් පනින්ට සූදානම් වුනා. "හරි... හරි.. මිත්‍රවරුනි... ඔතනින් පනින එක දැන් පසෙකින් තියමු. අපේ රජ්ජුරුවන්ට හිතවත් ඔය පිරිස නොනවත්වා ම යුද්ධය ගෙනියන්ට ඕනේ හොඳේ" කියා ඔවුන් සියලු දෙනාම එක මතයකට ආවා.

කාලිංග රජ්ජුරුවෝ 'මං ඉතිං කොහොමත් දිනින එක නොවැ' කියා කලින්ම හිතට ජය අරගෙන හිටියා. බල සේනාවත් 'අපේ රජ්ජුරුවන්ට නොවැ ජය!' කියා දිනුම හිතට අරගෙන හිටියා. හරිහැටියට සන්නද්ධ නොවී කණ්ඩායම් කණ්ඩායම් වශයෙන් කැමති කැමති විදියට යුද්ධයට නික්මුණා. හොඳ කල්පනාවෙන් යුක්තව වීර්යය කළ යුතුම අවස්ථාවේ වීර්යය කළේ නෑ.

රජවරු දෙන්නාම අශ්වයන් පිට නැගී යුද්ධය පිණිස නික්මෙද්දී දෙපක්ෂයේ ම ආරක්ෂක දේවතාවෝ මුලින්ම පෙනී සිටියා. කළිඟු රජ්ජුරුවන්ගේ ආරක්ෂක දේවතා වූ වෘෂභයා සුදුම සුදු පාටයි. අනිත් දේවතා වූ වෘෂභයා කළුම කළු පාටයි.

ඒ වෘෂභයෝ දෙන්නා පේන්නේ රජවරු දෙන්නාට විතරයි. අනිත් කාටවත් පේන්නේ නෑ. නන්දිසේන අමාත්‍යයා අස්සක රජු ඇමතුවා. "මහ රජ්ජුරුවෙනි, ආරක්ෂක දේවතාවෝ පේනවද?"

"එසේය අමාත්‍යය, පේනවා."

"කොයි විදිහට ද පේන්නේ?"

"කාලිංගයාගේ ආරක්ෂක දේවතාවා සුදුම සුදු වෘෂභයෙක් හැටියට පේනවා. අපේ ආරක්ෂක දේවතාවා හැටියට පේන වෘෂභයා නම් කලුම කලුයි."

"හරි මහරජ, භයවෙන්ට එපා. මං දන්නවා අපියි දිනන්නේ. කලිඟු රජු පරදිනවා. දැන් තමුන්නාන්සේ අශ්වයා පිටින් බහින්ට. මේ හෙල්ල ගන්ට. හොඳින් පුහුණු වෙච්චි සෛන්ධව අශ්වයාගේ උදරය පැත්ත වම් අතින් මැඩගෙන මේ සෙබළු දහසත් එක්කම වේගෙන් ගොහින් සුදෝසුදු වෘෂභයාට පහර පිට පහර දී බිම හෙලන්ට. එතකොට ම අපිත් දහසක් සෙබළුන් එක්ක ආයුධයෙන් පහර දෙන්නම්.

අස්සක රජ්ජුරුවෝ නන්දිසේන අමාත්‍යයා සංඥාව දුන්නු ගමන් වේගයෙන් පැන හෙල්ලෙන් පහර දුන්නා. දාහක් සෙබළුත් හෙල්ලවලින් පහර දුන්නා. ආරක්ෂක දේවතාවා හැටියට පෙනී ගිය සුදෝසුදු වෘෂභයා මැරී වැටුණා. නොපෙනී ගියා.

එසැණින් ම කලිඟු රජු භීතියට පත් වෙලා පලා ගියා. එතකොට අස්සක රජ්ජුරුවන්ගේ සෙබළු "ඕං කාලිංග පලායනවෝ" කියලා නින්නාද වෙන්ට කෑගැසුවා. මරණ භයින් පලායන කාලිංග රජ්ජුරුවෝ අනාවැකි කියූ තාපසයාට හොඳටම බැණ බැණ දුවන ගමන් මේ ගාථාව පැවසුවා.

(2)

ඕනෑ දෙයක් ඉවසන අප කලිඟු රජුන් දිනයි කියා
පිහිට නොමැති අස්සකයා නිසැකව පරදිනව කියා
තවුසා අරගෙන පගාව කළාද කනපිටට තියා
කෙළින් කියන අය කිසිදා නොමැත මෙසේ මුසා කියා

මේ විදිහට තවුසාට බැණ බැණ තමන්ගේ නගරයට ම ගියා. නැවතී ආපස්සට හැරී බලන්ටවත් සවියක් තිබුනේ නෑ. දවස් කීපයකට පස්සේ සක් දෙවිඳු බෝධිසත්වයන් බැහැදකින්ට ආවා.

බෝධිසත්වයෝ සක් දෙවිඳු සමඟ කතා කරමින් මේ ගාථාව පැවසුවා.

(3)

සක් දෙවිඳුනි, දෙවියන් හට සුදුසු ම නෑ මුසා කීම
උතුම් ධනය සේ නිති සුරැකිය යුතු නොවැ ඇත්ත කීම
දෙව්රජුනේ, ඔබත් මෙසේ කෙරුවේ ඇයි බොරු දෙඩීම
විශේෂ කරුණක් තිබේද මෙලෙසින් මට මුසා කීම

බෝධිසත්වයන්ගේ මේ චෝදනාවට සක් දෙවිඳු මේ ගාථාවෙන් පිළිතුරු දුන්නා.

(4)

තවුසාණෙනි, අසා නැද්ද මෙවැනි දෙයක් ලොව තිබෙනා
දෙවියො ඉරිසියා නොකරති නරයට වීරිය කරනා
යනවිට එහි අරමුණ වෙත වාද නැතිව එක සිතිනා
අස්සක රජ පිරිස සිටියෙ සමගිව වීරිය රැගෙනා
නුවණ ඇතිව වීරිය ගෙන ඒ අය නික්මුණු වේලේ
අනිත් පිරිස දිනුම සිතා ගියේය යන්නන් වාලේ
එනිසා ම යි අස්සක රජු දිනුම දිනුවේ මේ තාලේ

එදා පලායන කාළිංග රජ්ජුරුවෝ දමාගිය වස්තුවත් අස්සක රජු සන්තක වුනා. නන්දිසේන අමාත්‍යයා කාළිංග රජ්ජුරුවන්ට තවත් හසුනක් යැව්වා.

"රජතුමනි, රාජ කන්‍යාවන් සතරදෙනාට ලැබිය යුතු දෑවැදිත් ඉක්මනින් එවන්ට වෙයි. එහෙම නොවුණොත්

ඊළඟට වෙන දේත් බලාගන්ට පුළුවනි" කියා.

ඒ ලිපිය කියවපු කළිඟු රජ්ජුරුවෝ තවත් භය වුනා. දූවරුන්ට නියමිත දෑවැදිත් පිටත් කළා. එදා පටන් කළිඟු රජු අස්සක රජුත් සමඟ ඉතා සුහදව සමඟියෙන් වාසය කළා.

මහණෙනි, එදා කළිඟු රජ්ජුරුවන්ගේ දියණිවරු වෙලා සිටියේ ඔය නවක භික්ෂුණීන් සතරදෙනා. නන්දිසේන මහා අමාත්‍යයාව සිටියේ අපගේ සාරිපුත්තයෝ. එදා යුද්ධය ගැන අනාවැකි කියූ තාපසයාව සිටියේ මම ය කියා භාග්‍යවතුන් වහන්සේ මේ ජාතකය නිමවා වදාළා.

02. මහා අස්සාරෝහ ජාතකය

මහා අශ්වාරෝහකයාගේ කතාව

පින්වතුනේ, පින්වත් දරුවනේ,

මනුස්සයෙක් අසරණ වීම ඕනෑම අවස්ථාවක වෙන්ට පුළුවනි. එවන් අවස්ථාවකදී ඔහුට ලැබෙන උපකාරය තුළිනුයි ඔහුගේ ජීවිතයේ ඉදිරි ගමන රැඳී තියෙන්නේ. අසරණ අය සරණ සොයා භාග්‍යවතුන් වහන්සේ වෙත පැමිණෙද්දී පළමුව මුණගැසෙන්නේ අපගේ ආනන්දයන් වහන්සේ. ඒ අයට සම්පූර්ණයෙන්ම ලැබෙන්නේ අපගේ ආනන්දයන් වහන්සේගේ උපකාරයයි. ඒ උපකාරය නිසා බොහෝ දෙනෙකුට යහපත සැලසුණා. දැන් අපි ඉගෙන ගන්නේ ඒ පිළිබඳ කතාවක්.

ඒ දිනවල අපගේ භාග්‍යවතුන් වහන්සේ වැඩ වාසය කොට වදාළේ සැවැත්නුවර ජේතවනයේ. එදා දම්සභා මණ්ඩපයේ රැස්වූ භික්ෂූන් වහන්සේලා අපගේ ආනන්දයන් වහන්සේ අන් අය කෙරෙහි දක්වන කාරුණික හිතෛෂීභාවය ගැන ප්‍රශංසා කරමින් සිටියා. ඒ අවස්ථාවේ අපගේ භාග්‍යවතුන් වහන්සේ එතැනට වැඩම කොට වදාළා. භික්ෂූන් වහන්සේලා තමන් කතා කරමින් සිටි කරුණ භාග්‍යවතුන් වහන්සේට සැළකොට සිටියා. භාග්‍යවතුන් වහන්සේ මෙසේ වදාළා.

"ඒක එහෙම තමා මහණෙනි, ඉස්සර කාලේ හිටිය නුවණැති උදවියත් ඔහොම තමා. තමන්ට උපකාර ලැබුණොත් ඒ උපකාරය සිහි කොට ඔය විදිහට කටයුතු කරනවා" කියා මේ අතීත කතාව ගෙනහැර දක්වා වදාළා.

"මහණෙනි, ගොඩාක් ඉස්සර කාලෙක මහාබෝධිසත්වයෝ බරණැස් නුවර බරණැස් රජ්ජුරුවෝ හැටියට රාජ්‍ය විචාරමින් සිටියා. ඉතින් ඔය බරණැස් රජ්ජුරුවෝ දන් දෙනවා. සිල් රකිනවා. ගුණවත් ජීවිතයක් ගත කරනවා. දවසක් තමන්ගේ රාජ්‍යයේ පිටිසර පළාතක කැරැල්ලක් හටගත්තා. මේ කැරැල්ල මැඩ පවත්වන්ට රජ්ජුරුවෝ සේනාවත් සමඟ පිටත් වුණා. කැරැල්ල මැඩ පවත්වන්ට බැරි වුනා. පරදින ලකුණු පහළ වුනා. රජ්ජුරුවෝ අශ්වයා පිට නැගී පළා යද්දී තවත් එක්තරා පිටිසර ගමකට ආවා. ඒ ගමේ රාජ සේවකයෝ තිහක් පමණ ඉන්නවා. ඔවුන් එදා පාන්දරින් ම ගම මැදට රැස් වෙලා ගමේ කටයුතු සොයා බලමින් උන්නා. එතකොට යුධ සන්නාහයෙන් සරසාපු අශ්වයා පිට නැගී අලංකාර ඇඳුමින් යුතු රජ්ජුරුවොත් ගම් දොරින් ගමට ඇතුළු වුනා. එතකොට ඒ මිනිස්සු "හප්පේ... මේ කව්ද!" කියා හොඳට භය වෙලා පැන ගොහින් තම තමන්ගේ නිවෙස්වලට රිංගා ගත්තා. එතැන සිටිය එක් කෙනෙක් තමන්ගේ ගෙට දුවලා ආයෙමත් මේ අමුත්තා ළඟට ඇවිත් මෙහෙම කිව්වා.

"අපගේ මහරජ්ජුරුවෝ ඈත පළාතකට සැපත් වුනා ය කියා අපට අසන්ට ලැබුනා. තෝ කව්ද? රාජ පුරුෂයෙක් ද? රජ්ජුරුවන්ට විරුද්ධ පක්ෂයේ එකෙක් ද?"

"මිත්‍රයා, මං රාජ පුරුෂයෙක්."

"ඕ... හෝ... එහෙනම්... එන්ට... එන්ට... මේ ගේ ඇතුළට එන්ට" කියලා අමුත්තාව ගෙට ගත්තා. තමුන්ගේ වාඩිවෙන අසුනේ වාඩි කෙරෙව්වා. "හාමිනේ... මෙහෙ එන්ට. මේ අපේ රජ්ජුරුවන්ට හිතෛෂී කෙනෙක්. අධික වෙහෙසකට පත් වෙලා. මේ මිත්‍රයාගේ පාදයන් උණු පැන් වලින් සෝදා කෑමට මොකවත් දෙන්ට. කෑම කාලා ඔබ ටිකක් විවේක ගන්ට. මං හාන්සි වෙන්ට ඇඳ සකසන්නම්. අමුත්තා සැතපුනා. ගෙදර මිනිසා අශ්වයාගේ සන්නාහය ගලවා, අශ්වයාටත් වතුර බොන්ට දීලා පිටේ තෙල් ගල්වා සම්බාහනය කරලා ඌටත් තණකොළ දුන්නා.

මේ අමුත්තා දින තුන හතරක් ඒ ගෙදර නවාතැන් ගත්තා. ආහාර පානයන්ගෙන් සංග්‍රහ ලැබුවා. "මිත්‍රයා, මට දැන් යන්ට ඕනෑ" කී විට අමුත්තාටත් අශ්වයාටත් කළ යුතු සෑම උපකාරයක් ම කළා. එදා ආහාර අනුභවයෙන් පස්සේ අමුත්තා මෙහෙම කිව්වා.

"මිත්‍රයා... මට කියන්නේ මහා අශ්වාරෝහක කියලා. මං ඉන්නේ නගරේ මැද. මගේ නිවස තියෙන්නේ එහෙ. ඉතින් ඕනෑම දෙයකට ඔබ ඒ පැත්තේ එනවා නම් දකුණු ද්වාරයෙන් නගරයට ඇතුල් වෙලා දොරටුපාල උන්නැහේගෙන් අසන්ට 'මහා අශ්වාරෝහකගේ ගෙදර කොහේද' කියා. එතකොට දොරටුපාල උන්නැහේ ම ඔබව අපගේ ගෙදරට ඇරලවාවි" කියා පිටත්ව ගියා. බලසේනාවටත් රජ්ජුරුවන්ට වෙච්චි දෙයක් සොයාගන්ට බැරිව නගරයෙන් පිටත කඳවුරු බැඳගෙන සිටියා. රජ්ජුරුවන්ව දුටු ගමන් ම පෙර ගමන් ගොහින් පිරිවරා ගත්තා.

රජ්ජුරුවෝ නගරයට ඇතුල් වෙද්දී ද්වාරය ළඟ සිටි දොරටුපාලයා කැඳෙව්වා. එතැනින් මහජනයා ඉවත් කෙරෙව්වා. "මිත්‍රයා, ඈත පළාතකින් මිනිහෙක් ඒවි. ඇවිදින් අසාවි 'මහා අශ්වාරෝහකගේ ගෙදර කොයිබද' කියා. ඒ අසන්නේ මං ගැනයි. ඔහුව අතින් අල්ලාගෙන කෙලින් ම මං ළඟට එක්කරගෙන එන්ට ඕනෑ. එදාට තොපට කහවණු දහසක තෑග්ගක් ලැබේවි."

නමුත් ඔහු ආවේ නෑ. රජ්ජුරුවෝ ඔහු එනතුරු බලා සිටිනවා. බැරිම තැන ඔහු වසන ගමට බදු බර වැඩි කළා. ඒත් ආවේ නෑ. දෙතුන් වතාවක් බදු බර වැඩි කළා. ඔහු එන්නේ ම නෑ. ගම්වාසීන්ට බදු බර උහුලා ගන්ට බැරි තැනේ ඔහු කරා ගියා. "මේ මිත්‍රයා, ඔහේට මතකෙයි දවසක් මෙහෙ ආවා අශ්වාරෝහකයෙක්. ඔහේ ළඟ නොවැ උන්දැ උපස්ථාන ලැබුවේ. හැබැයි ඒ අශ්වාරෝහකයා ඇවිත් ගියාට පස්සේ තමයි අපිට මේ ඔක්කෝම කරදර. මිත්‍රයා... ඒ අශ්වාරෝහක උන්නැහේව මුණගැහෙන්ට පලයං. ගොහින් අපේ මේ බදු බර අහක් කොරගන්ට පිළිවෙළක් බලාපං. බාගදා ඒක හරියන්ටත් බැරි නෑ."

"හොඳයි... එහෙනං මාත් ගොහිං අපේ මිත්‍රයා මුණගැසී බලන්නම්. ඒත් මං කොහොමෙයි මේ නිකං හිස් අතින් යන්නේ. මගේ මිත්‍රයාට දරු දෙන්නෙක් ඉන්නවා කීවා. බිරිඳත් ඉන්නවා නොවැ. එහෙම නම් ඒ ඇත්තන්ට ගෙනියන්ට ඇඳුම් ආයිත්තම් තෑගි භෝග ටිකක් සූදානම් කොට දීපං. මාත් පැණි කැවුම් හදාගන්නම්."

එතකොට ගම්වැසියෝ තෑගි භෝග සූදානම් කොට දුන්නා. මොහු ගෙදර ම පැණි කැවුම් හදාගත්තා.

මේවාත් අරගෙන නගරයේ දකුණු දොරටුව ළඟට ගිහින් දොරටුපාලයා මුණගැසුනා.

"මේ... පින්වත... මගේ මිත්‍ර මහා අශ්වාරෝහකගේ ගෙදර කොයිබද තියෙන්නේ?"

"හා... එන්ට... එන්ට... මං පෙන්නන්නම්" කියා මොහුගේ අතින් අල්ලාගෙන රජමැදුරේ දොරටුව ළඟට ගියා. පිටිසරබද කෙනා ඇවිත් ඉන්නවා ය කියා පණිවිඩේ යැව්වා. ඒ වචනය ඇසූ ගමන් රජ්ජුරුවෝ වාඩිවී සිටි අසුනෙන් නැගිට්ටා. "හෝ... මගේ මිත්‍රයා... ඔබ ඇවිදින් එහෙනම්" කියලා සිනාසෙමින් පෙර ගමන් ගිහින් ඔහුව වැළඳගත්තා. "කොහොමද මගේ හිතවත් ඔබ බිරිඳත් දරුවොත් දුකක් නැතිව ඉන්නවා ද?" කියා අසා අතින් අල්ලාගෙන උඩුමහළට කැඳවාගෙන ගිහින් සුදු සේසත යට රාජාසනේ වාඩිකෙරෙව්වා. අගමෙහෙසිය කැඳෙව්වා.

"සොඳුරී... මෙහෙ එන්ට. මගේ මිත්‍රයාට ගොඩාක් වෙහෙසයි. උණුපැන්වලින් මොහුගේ පා සෝදන්ට." අග මෙහෙසිය පා සෝදන විට උණු පැන් දැමූ රන් කෙණ්ඩියෙන් රජ්ජුරුවෝ පැන් වක්කලා. දේවිය මිත්‍රයාගේ පා සෝදා සුවඳ තෙල් ගැල්ලුවා. ඊට පස්සේ සිය මිත්‍රයාගේ බඩු පිරී ඇති පසුම්බිය දෙස බලා රජ්ජුරුවෝ මෙහෙම ඇසුවා. "මිත්‍රය, අපට කන්ට මොකවත් ගෙනැවිත් නැද්ද?"

"තියෙනවා තියෙනවා" කියා ඔහු පසුම්බියෙන් කැවුම් පාර්සලය එළියට ගත්තා. රජ්ජුරුවෝ රන් තැටියෙන් ඒවා තබා "මේ... කාලා බලන්ට... මගේ මිත්‍රයා ගෙනාපුවා" කියා ඒ කැවුම් දේවියටත් ඇමතිවරුන්ටත් දුන්නා. තමාත් අනුභව කළා. ඊට පස්සේ ඔහු තමන්

ගෙනා තෑගි භෝගත් පෙන්නුවා.

රජ්ජුරුවෝ මොහුට සංග්‍රහ පිණිස තමන් පොරවා සිටි කසී සළු බැහැර කළා. මොහු ගෙනා වස්ත්‍ර පොරවා ගත්තා. අගමෙහෙසියත් ඇයගේ කසී සළු, මිණිමුතු අබරණ බැහැර කොට මොහු ගෙනා වස්ත්‍රත් ආභරණත් පැළඳගත්තා. රජ්ජුරුවෝ මොහුට රාජභෝජනවලින් සංග්‍රහ කළා. ඊට පස්සේ ඇමතිවරයෙකුට කතා කළා. "අමාත්‍යය, මට කරනා විදිහටම මගේ මිත්‍රයාගේත් රැවුල බාලා, සුවඳ දියෙන් නහවා ලක්ෂයක් වටිනා කසී සළු අන්දවා රාජාලංකාරයෙන් සරසවා එක්කරගෙන එන්ට." එතකොට ඔහුත් එහෙම කළා.

රජ්ජුරුවෝ නගරයේ අඬබෙර ගැස්සුවා. අමාත්‍යවරුත් රැස් කෙරෙව්වා. සුදු සේසතට මැදින් ජාතිමත් රන් සිරියල් නූලකින් වෙන්කොට රාජ්‍යයෙන් හරි අඩක් මොහුට දුන්නා. එතැන් පටන් ආහාරපාන ගන්නේ දෙන්නාම එකට. එකට වාසය කළේ. කිසිවෙකුට නොබිඳිය හැකි ස්ථිර විශ්වාසයකින් යුක්ත වුනා. රජ්ජුරුවෝ ඔහුගේ අඹුදරුවන්වත් කැඳවාගත්තා. ඒ නගරයේ ම ප්‍රාසාදයක් කරවා දුන්නා. ඉතාම සමඟියෙන් රාජ්‍ය කළා.

මේ ගැන ඇමතිවරු හොඳටෝම කිපුනා. රජ්ජුරුවන්ගේ පුත්‍රයාට මෙහෙම කිව්වා. "බලන්ට රාජ කුමාරය, අපේ රජ්ජුරුවන්ට මක් වෙලා ද මේ? කොහේවත් ඉන්න නිකාම්ම නිකං මිනිහෙකුට රාජ්‍යයෙන් භාගයකුත් දීලා හිටං දෙන්නා එකට ම යි කන්නේ බොන්නේ. දරුවන් ලවා වන්දවනවා. මොහු අපේ රජ්ජුරුවන්ට මොනවා කළාද කියලා අපි නම් දන්නෑ. අනේ කුමාරයාණෙනි,

අපට මේ ගැන මහා වස ලැජ්ජයි! ඔබවත් රජ්ජුරුවන්ට කියා බලන්ට." එතකොට කුමාරයා ඒ සෑම දෙයක් ම රජ්ජුරුවන්ට කිව්වා. "පියරජ්ජුරුවන් වහන්ස, ඔහොම කරන්ට එපා."

"හරි පුත්‍රය... ඔයා දන්නවා ද මං යුද්ධෙන් පැරදිලා කොහේද සිටියේ කියා?"

"දන්නෑ... දේවයිනි."

"මං හොඳටම අසනීපව සිටියේ. මොහුගේ නිවසේදී මොහුගෙන් ලැබුණු සත්කාරත්, ආරක්ෂාවත් නිසයි මට සුවසේ ඇවිත් රාජ්‍ය කරන්ට පුළුවන් වුණේ. මෙතරම් මට උපකාරී වුන මොහුට මං සම්පත් නොදිය යුත්තේ මක් නිසා ද? එනිසා පුත්‍රය, යමෙක් සම්පත් නොදිය යුත්තාට දෙනවා නම්, දිය යුත්තාට නොදෙනවා නම් ඔහු කරදරයකට පත් වූ විට උපකාර ලබන්නේ නෑ" කියා මේ ගාථාවන් පැවසුවා.

(1). කලින් තමන් හට උදව්
- නොදුන්න කෙනෙකුන් හට
- සලකයි නම් හොඳහැටි
යම් කෙනෙකුන්ගෙන් තමා
- උදව් ලබාගත්තේ නම්
- ඔහුට නොදේ නම් කිසිත්
විපතක කරදරයක
- වැටුණොත් ඔහු කිසි විට
- නොලැබේ උපකාර නම්

(2). කලින් තමන් හට උදව්
- නොදුන්න කෙනෙකුන් හට
- සැලකීමක් නොම කොට

යම් කෙනෙකුන්ගෙන් තමා
- උදව් ලබාගත්තේ නම්
- සලකාවිද ඔහු හට
විපතක කරදරයක
- වැටුනොත් ඔහු කිසි විට
- සහය ලැබෙන්නේ ම ය

(3). කෙරාටික අසත්පුරුෂයා
- උදව් ලබන නමුත් අනුන්ගෙන්
- ඔහුට වහා අමතක වන්නේ
අවංක සත්පුරුෂයා
- ඉතා කුඩා උදව්වක් ලබා පවා
- එය අමතක නොකරන්නේ
සාරවත් කෙතේ වැපිරූ
- බීජෙන් ලද අස්වනු සේ
- බොහෝ අනුසස් ලැබදෙන්නේ

(4). ඉල්ලන්නට පෙර උදව්
- මුලින්ම උපකාර කරයි නම්
- අති දුෂ්කර දෙයක් ය ඔහු කළේ
පසුවට ඔහු උදව් කළත්
- නොකළත් ඉන් කමක් නැතේ
- කිසි වරදක් නැත්තේ
මුලින්ම කළ උපකාරය
- සිහිකොට ඔහු හට පිදීම
- ඉතා සුදුසු දෙයක් ම වන්නේ

බරණැස් රජතුමා මේ විදිහට කරුණු පහදා දුන්නා. එතැන් පටන් රාජකුමාරයාවත්, ඇමතිවරුන්වත් ඔහුට විරුද්ධව කිසිවක් කීවේ නෑ.

මහණෙනි, එදා බරණැස් රජ්ජුරුවෝ අතරමංව ගිය අවස්ථාවේ අත්‍යන්තයෙන් උපකාර කළ පිටිසරබද මිනිසාව සිටියේ අපගේ ආනන්දයෝ. එයට ප්‍රත්‍යුපකාර කළ යහපත් බරණැස් රජුව සිටියේ මම” ය කියා භාග්‍යවතුන් වහන්සේ මේ ජාතකය නිමවා වදාළා.

03. ඒකරාජ ජාතකය

ඒකරාජ නමැති බෝසත් රජුගේ කතාව

පින්වතුනේ, පින්වත් දරුවනේ,

ඇතැම් නුවණැති අය ප්‍රශ්නවලට මුහුණ දෙන ආකාරය පුදුම සහගතයි. සාමාන්‍යයෙන් ලෝකයේ සිදු වන්නේ මෙහෙමයි. කාට හෝ කරදරයක්, විපතක් සිදු වුණාම, අභූත චෝදනාවලට ලක් වුනාම ඒ තැනැත්තා ඒ ගැන ම දුක් වෙවී, ශෝක කරමින් තව තවත් අසරණ වෙනවා. එහෙම නැත්නම් ඒවා අමතක කරන්ට සුරාපානය වැනි භයානක දේකට පෙළඹෙනවා. එහෙමත් නැත්නම් පළිගන්නවා. නමුත් නුවණැති අය එහෙම නොවෙයි. සසරේ ස්වභාවය මෙනෙහි කොට තව තවත් ගුණවත් වෙනවා. විශේෂ නුවණ උපදවා ගන්නවා. මෙය එබඳු කතාවක්.

ඒ දිනවල අපගේ භාග්‍යවතුන් වහන්සේ වැඩ වාසය කොට වදාළේ සැවැත් නුවර ජේතවනයේ. ඔය කාලේ කොසොල් රජ්ජුරුවන්ට ඉතාම හිතවත්, ඉතාමත් අවංකව සේවය කරන ඇමතියෙක් සිටියා. මොහුගෙන් තමාට ඇති මහත් උපකාර සලකා කෝසල රජතුමා ඔහුට මහත් යස ඉසුරු දුන්නා. මෙය ඉවසාගන්ට බැරි වෙනත් ඇමතිවරු රජ්ජුරුවන්ට කේළාම් කියලා මොහු ගැන

තිබුණු හිතවත්කම නැති කළා. රජ්ජුරුවෝ ඒ කේළාම් විශ්වාස කරගෙන ඒ ගැන නොසොයා නොබලා සිල්වත් ඇමතියාව දම්වැල්වලින් බැඳ සිරගත කළා.

මොහු සිර ගෙදරදීම සියල්ල අමතක කොට භාවනා කරන්ට පටන් ගත්තා. සිතත් ක්‍රමයෙන් එකඟ වුනා. සංස්කාර ධර්මයන්ගේ ඇති අනාත්ම ස්වභාවය අවබෝධ කරගෙන සෝවාන්ඵලයට පත් වුණා. ටික කලකින් මොහු නිර්දෝෂී කෙනෙක් බව රජ්ජුරුවන්ට තේරුණා. මොහුව සිර බන්ධනයෙන් නිදහස් කරවා කලින්ටත් වඩා බොහෝ යස ඉසුරු දුන්නා.

දවසක් මොහු බොහෝ මල් ආදිය රැගෙන භාග්‍යවතුන් වහන්සේ බැහැ දකින්ට ගියා. ගිහින් පුද පූජා පවත්වා වන්දනා කොට එකත්පස්ව සිටියා. භාග්‍යවතුන් වහන්සේ ඔහුගෙන් මෙසේ අසා වදාළා.

"උපාසක, ඔබ නිකරුණේ කරදරයකට පත් වුනාය කියා අසන්ට ලැබුනා."

"එහෙමයි ස්වාමීනී, මා අතින් කිසි වරදක් නොවී සිරගත වෙන්ටත් වුණා නොවැ. සංසාරේ හැටි මෙහෙම තමා කියා මාත් ධර්මයේ හැසිරුණා. ඒ නිසා ම හිර කුටියේ ම මට සෝවාන් වෙන්ටත් ලැබුණා."

"හරි උපාසක, විපතක් කරදරයක් වූ විට ඔහොම නුවණින් කටයුතු කළේ ඔබ විතරක් නොවේ. ඉස්සර හිටිය නුවණැත්තෝ පවා එහෙම තමා. විපත්තිය යහපතට හරවා ගත්තා" කියා භාග්‍යවතුන් වහන්සේ මේ අතීත කතාව ගෙනහැර දක්වා වදාළා.

"ගොඩාක් ඉස්සර කාලෙක මහාබෝධිසත්වයෝ

බරණැස රජ්ජුරුවෝ හැටියට රාජ්‍ය විචාරමින් සිටියා. ඔය කාලේ රජ්ජුරුවන්ගේ එක්තරා අමාත්‍යයෙක් රජ්ජුරුවන්ගේ අන්තඃපුරයට ගොහින් අනාචාරයේ හැසිරුණා. දවසක් රජ්ජුරුවන්ගේ අතට හසුවුනා. එතකොට රජ්ජුරුවෝ ඔහුට බරපතල දඬුවම් නොදී රටින් නෙරපා දැම්මා.

එතකොට මොහු ඒ කාලේ සිටි දබ්බසේන නමැති කොසොල් රජ්ජුරුවන්ගේ රාජසේවයට බැඳුනා. බරණැස් රජ්ජුරුවෝ තමාව රටින් නෙරපුව නිසා රජ්ජුරුවන්ගෙන් පළිගැනීමට මාන බලමින් සිටියා. මොහු නිතර නිතර බරණැස් රාජ්‍ය පහසුවෙන්ම අල්ලාගන්ට ඇහැකිය කියා දබ්බසේන රජුට කියමින් බරණැස ආක්‍රමණයට රජ්ජුරුවන්ව පොළඹවා ගත්තා. දබ්බසේන රජතුමාත් මේ අසත්පුරුෂයාගේ උසිගැන්වීමට හසුවුනා. සේනාවත් රැගෙන බරණැස් රාජ්‍ය ආක්‍රමණය කළා.

මහාබෝධිසත්වයෝ යුද්ධයට සූදානම් වුණේ නෑ. ඇමතිවරුන්ටත්, හමුදාවටත් කිව්වා කිසිම ප්‍රතිචාරයක් දක්වන්ට එපාය කියලා. රජ්ජුරුවෝ නගරයේ සියලු ද්වාරයන් විවෘත කළා. සොර රජා ඇවිත් රජ්ජුරුවන්ව ජීවග්‍රාහයෙන් අල්ලා ගත්තා. යකඩ මාංචු දමා තමන්ගේ මාළිගයේ උළුවස්සේ කොක්කක් ගසා හිස පහතට සිටින සේ එල්ලුවා. එදා රෑ සොර රජා බරණැස් රජුගේ සිරියහනේ නිදාගෙන සිටියා. බෝසත් රජතුමා සොර රජු අරමුණු කොට මෙත් සිත පැතිරුවා. ධ්‍යාන උපදවා ගත්තා. ඒ ධ්‍යාන බලයෙන් යකඩ මාංචු පුපුරා ගියා. භාවනානුයෝගී ඉරියව්වෙන් අහසේ පළඟක් බැඳ සිටියා. එතකොට සොර රජාට යහතින් ඉන්ට බැරිව ගියා. එක්වරම ඇඟෙන් දහඩිය ගලන්ට පටන්ගත්තා. මහා දැවිල්ලක්

හටගත්තා. ඇඟ ගිනි ගන්නවා වගේ දැනුනා. "අයියෝ මාව දනවා දනවා" කියලා කෑ ගසමින් රජ්ජුරුවෝ බිම එහාට මෙහාට පෙරලෙන්ට පටන් ගත්තා. ඇමතිවරු දුවගෙන ඇවිත් මෙහෙම කිව්වා. "රජ්ජුරුවන් වහන්ස, තමුන්නාන්සේගේ අතින් වැරැද්දක් වුනා. ඉතා සිල්වත් දැහැමි රජෙක්ටයි අපරාධය වුනේ. ඒ රජ්ජුරුවන්ගේ හිස පහතට වැටෙන්ට උළුවස්සේ එල්ලුවා නොවැ."

"හයියෝ... එහෙනම්... ඉ... ඉක්මනින් ගොහින් ඒ දඬුවමින් එතුමාව නිදහස් කරපන්." රාජපුරුෂයෝ ගිහින් බලද්දී සියලු බන්ධනයන්ගෙන් නිදහස් රජ්ජුරුවෝ ආකාසේ පළඟක් බැඳගෙන භාවනාවේ ඉන්නවා. ආපහු දුවගෙන ගිහින් සොර රජාට කිව්වා. එතකොට ඒ දබ්බසේන රජු එතැනට දුවගෙන් ඇවිත් සිදුවූ වරදට සමාව අයදමින් මේ ගාථාව පැවසුවා.

(1). **ඒකරාජ නිරිඳුනි තොප**
- කලින් උතුම් පස්කම් සැප
- වළඳා සුවසේ සිටියේ
ඒ තොප දැන් දඬුවම් ලැබ
- නිරයේ ඇද වැටුණු ලෙසේ
- විපතක නොවැ සිටියේ
එහෙත් කලින් වගේම තොප
- සොඳ පැහැයත් සවිබලයත්
- අත් නොහැර ය ඉන්නේ

එතකොට බෝධිසත්වයෝ දබ්බසේන රජුට මේ ගාථාවෙන් පිළිතුරු දුන්නා.

(2). **දබ්බසේන නිරිඳාණනි**
- කලින් පටන් මා සිත තුළ

ඉවසීමත් තපස් බවත්
- දියුණු කරන අදහස ම යි තිබුනේ
එය දැන් මට ලැබුන විටදී
- කලින් තිබුනු සොඳ හැඩරුව
එමෙන්ම මා තුළ ඇති බල
- කොහොමද අත්හැර ගන්නේ

(3). යස පිරිවර ඇති නුවණැති
- සවිබල ඇති නිරිඳාණෙනි
මා පැතූ සියලු ඒ ගුණදම්
- මුදුන්පත්ව ඇත මා තුළ
කලින් ලැබූ උදාර වූ
- යසස මෙන්ම දැහැන් බල ද
මා තුළ තිබූ සොඳ හැඩ රුව
- නැත මා අත්හැර ලන්නේ

(4). නිරිඳාණනි ඔබ මට ලැබදුන්
- දුක නිසා ම නැති විය මගෙ රජ සැප
ඒ දුක දුරුකොට මම අද
- උපදවා ගතිමි මේ උදාර දැහැන් සැප
සැප දුක යන දෙක ම කෙරෙහි
- මා සිත තුළ මැදහත් බව ඇත
කෙලෙසුන් සංසිඳුවාගත්
- නිවුන කෙනා වසන්නෙ ඒ ලෙස

බෝධිසත්වයෝ මේ අයුරින් පවසද්දී දබ්බසේන සොර රජුට සිහිය උපන්නා. 'අනේ පින්වත් රජතුමනි, මට සමාවුව මැනව. තමුන්නාන්සේගේ සේවයෙන් බැහැර වූ එක්තරා අසත්පුරුෂ ඇමතියෙක් තමයි මාව මේ භයානක අපරාධයට පෙළඹෙව්වේ. තමුන්නාන්සේ

වගේ දැහැමි කෙනෙකුව රැකගැනීමයි කරන්ට ඕනෑ. අනේ තමුන්නාන්සේ සුවසේ රාජ්‍ය පාලනය කරගෙන යන්ට. මං මේ රාජ්‍යයට බාහිර සතුරු උවදුරක් නොවෙන්ට සම්පූර්ණ ආරක්ෂාව සපයනවා" කියලා දබ්බසේන රජ්ජුරුවෝ තමන්ව මේ අපරාධයට යොමු කළ ඇමතියාට දඬුවම් දී තමන්ගේ රාජ්‍ය බලා පිටත්ව ගියා. බෝධිසත්වයෝ ආයෙ රාජ්‍ය දිහා බැලුවේ නෑ. ඇමතිවරුන්ට රාජ්‍ය භාරදීලා සෘෂි පැවිද්දෙන් පැවිදි වෙලා හිමාලයට ගියා. ධ්‍යාන සුවයෙන් කල් ගෙවා මරණින් මතු බඹලොව උපන්නා.

මහණෙනි, එදා දබ්බසේන රජු වෙලා සිටියේ අපගේ මේ ආනන්දයෝ. එබඳු බැරෑරුම් අවස්ථාව මුළුමනින්ම යහපතට හරවාගත් බරණැස් රජුව සිටියේ මම ය කියා භාග්‍යවතුන් වහන්සේ මේ ජාතකය නිමවා වදාළා.

04. දද්දර ජාතකය

දද්දර නාගරාජයාගේ කතාව

පින්වතුනේ, පින්වත් දරුවනේ,

වරදින් යුතු පුද්ගලයෙකුව ආරක්ෂා කරන්ට යමෙක් ඉදිරිපත් වුනොත් ඒ ගැනවත් සිතා අර පුද්ගලයා කරන්ට ඕනෑ වරදින් නිදහස් වීම යි. එහෙම නැතිව 'හා... මාව රැකගන්ට තව අය ඉන්නවා නොවැ' කියා සිතා ඒ වරද ම නැවත නැවතත් කරනවා නම් තමා විතරක් නොවේ, තමාව බේරාගන්ට ඉදිරිපත් වෙන කෙනාත් අර පුද්ගලයා නිසා ම අමාරුවේ වැටෙනවා. අද පවා ඇතැම් අය එබඳු පුද්ගලයන්ට ණය ලබාගැනීමට ඇප වෙනවා. එබඳු පුද්ගලයන් වෙනුවෙන් ඉදිරිපත් වෙනවා. ඒ හේතුවෙන් ඉතා යහපත් අය පවා බලවත් කරදර විපත්වලට පත් වෙනවා. දුකේ වැටෙනවා. මෙය එබඳු කතාවක්.

ඒ දිනවල අපගේ භාග්‍යවතුන් වහන්සේ වැඩ වාසය කොට වදාළේ සැවැත්නුවර ජේතවනයේ. ඔය කාලයේ බලවත් ක්‍රෝධ සිතින් යුතුව වාසය කරන භික්ෂුවක් ජේතවනයේ සිටියා. මේ භික්ෂුවගෙන් අනිත් භික්ෂූන්ට සෑහෙන්ට පීඩා ඇති වුනා. පොඩ්ඩක්වත් එහෙ මෙහෙ වෙන්ට බෑ, සුළු අතපසුවීමක් වෙන්ට බෑ, මොහු ඇවිලී යනවා.

එදා දම්සභා මණ්ඩපයට රැස්වූ භික්ෂූන් වහන්සේලා මේ ක්‍රෝධ චිත්තයෙන් වසන භික්ෂුව ගැන අප්‍රසාදයෙන් කතා කරමින් සිටියා. ඒ අවස්ථාවේ අපගේ භාග්‍යවතුන් වහන්සේ එතැනට වැඩම කොට වදාළා. භික්ෂූන් වහන්සේලා තමන් කතා කරමින් සිටි කරුණ භාග්‍යවතුන් වහන්සේට සැළකොට සිටියා. භාග්‍යවතුන් වහන්සේ ඒ භික්ෂුවට එතැනට එන්ට කියා කැඳවා මෙසේ අසා වදාළා.

"හැබෑද භික්ෂුව, ඔබ නිතරම පාලනය කරගත නොහැකි කෝප සිතින් ඉන්නවා ය කියන්නේ? අනිත් සඟ පිරිසත් ඒ නිසා මහත් පීඩාවෙන් නොවැ ඉන්නෙ."

"එහෙමයි ස්වාමීනී."

"මහණෙනි, බලන්ට සසරේ පුරුදු කරන ලද අයහපත් සංස්කාරයන් දිගටම පැවැත්වීමෙන් ලැබුනු දේ. මේ භික්ෂුවට තවමත් බැරි වුනා තමන්ගේ ක්‍රෝධ සිත මැඩ පවත්වා ගන්ට. මේ භික්ෂුව ක්‍රෝධයට යටවූ සිතින් වාසය කළේ මේ ආත්මේ විතරක් නොවේ. කලින් ආත්මෙකත් ක්‍රෝධයෙන් ම වාසය කළා. ඒ ආත්මේ මොහුගේ පැත්ත ගන්ට ගොහින් මෙත් සිතින් යුතු, නුවණැති, යහපත් නාගරාජයෙකුට පවා තුන් අවුරුද්දක් ම මොහුත් සමඟ අසූචි පිරිගිය වළක වාසය කරන්ට සිද්ධ වුනා" කියලා මේ අතීත කතාව ගෙනහැර දක්වා වදාළා.

"මහණෙනි, ගොඩාක් ඈත කාලෙක බරණැස්පුරේ බ්‍රහ්මදත්ත නමින් රජ්ජුරු කෙනෙක් රාජ්‍ය විචාරමින් සිටියා. ඔය කාලේ මහා බෝධිසත්වයෝ හිමාල ප්‍රදේශයේ දද්දර කියන පර්වතය පාමුල දද්දර කියන නාග භවනේ දද්දර කියන නා රජ්ජුරුවන්නේ වැඩිමල් පුත්‍රයා වෙලා උපන්නා. ඒ කාලයේ මහා බෝධිසත්වයන්ගේ නම

මහාදද්දර. මේ මහාදද්දරට චුල්ලදද්දර නමින් තමුන්ට බාල සහෝදර නාගයෙකුත් සිටියා.

ඔය කියන චුල්ලදද්දර නාගයා හරි දරුණුයි. ක්‍රෝධ චිත්තයෙන් යුක්තයි. සැඩ පරුෂයි. අනිත් නාගමානවකයන්ට නිතරම බැණ වදිනවා. ඔවුන්ට පහර දෙනවා. එතකොට ඔවුන් හඬාගෙන ගොහින් නා රජ්ජුරුවන්ට පැමිණිලි කරනවා. මහා නාගරාජයා මොහුට දුෂ්ටකම අතැරපන් කියා නිතර අවවාද කළා. හරි ගියේ නෑ. ඊට පස්සේ මොහුව නාග භවනෙන් බැහැර කර දමන්ට අණ කළා.

එතකොට මහාදද්දර නාග රාජයා තම සොයුරා නොවැ කියා මොහු ගැන අනුකම්පා හිතිලා නාග රජ්ජුරුවන්ට මොහුගෙන් සමාව අරගෙන ඒ දඬුවම වැළැක්කුවා. ඒත් මොහු ක්‍රෝධය අත්හැරියේ නෑ. නාග රජ්ජුරුවෝ ආයෙමත් මොහුව නාග භවනින් නෙරපන්ට අණ කළා. ඒ වතාවෙත් බෝධිසත්වයෝ මොහු ගැන අනුකම්පා සිතී නා රජුට කරුණු කියා සමාව අරං දුන්නා. එතකොටත් චුල්ලදද්දරයා හැදුනේ නෑ. කලින් වගේ ම දුෂ්ටකම් කළා. එදා නා රජ්ජුරුවෝ බොහෝ සෙයින් කිපුනා. "කෝ... මෙහෙ එනවා දෙන්නාම... මං මේකාව නාග භවනෙන් නෙරපන්ට දෙවතාවක් ම අණ කොළා. මේ මහදද්දර තමයි ඊට මැදිහත් වෙලා සමාව අරගෙන හැදෙන්ට අවස්ථාව දුන්නේ. ඒකෙන් මේකා තවත් සවුත්තු වුනා. දැන් සමාව නෑ. දෙන්නා ම පලයව් මේ නාගභවනෙන්. මෙතැනින් ගොහින් ආං තොපිට සුදුසු තැනක් තියෙනවා. බරණැස මිනිස්සු අසූචි ගොඩ ගසන වළක් තියෙනවා. එතැනට ගොහින් තුන් අවුරුද්දක් හිටපිය" කියා නාග භවනෙන් දෙන්නා ම

නෙරපා හැරියා. දැන් කරන්ට දෙයක් නෑ. දෙන්නා ගිහින් අසුචි දමන වළේ වාසය කළා.

ඔය අසුචි දමන වළ ළඟ කෙළවරේ වතුර රැඳී ඇති තැනක් තියෙනවා. ගොදුරු සොයා ගන්ට ඔවුන් එතැනටයි යන්නේ. එතකොට ගමේ කොල්ලන්ට ඔවුන්ව දකින්ට ලැබෙනවා. ඒ ළමයි ගල්වලින් පොලුවලින් ඔවුන්ට පහර දෙනවා. "ඡී... මොක්කුද මුන්... ඔලුව මහත... නගුට සිහින්... දියබරි ජාතියක්..." කියලා අපහාස කරනවා. කොහොමත් කිපෙන ස්වභාවයෙන් යුතු චුල්ලදද්දරට දැන් ඉවසන්ට බැරිව මෙහෙම කිව්වා.

"අනේ අයියණ්ඩි... බලන්ට... මේකුන් අපිට පරිභව කරන හැටි. මේකුන් අපේ හැටි දන්නෙ නෑ. නාසා වාතයෙන් විස දුම් පිට කොරලා මේකුන්ව විනාස කොරන්ට ම යි මට සිතෙන්නේ" කියා මේ පළමු ගාථාව පැවසුවා.

(1). දද්දර අයියණ්ඩි අනේ මේ මනුස්සලෝකේ
පහර දෙමින් රළුවදනින් අපට බණිනවානේ
දියේ බැහැල මැඩියො කනව කියලා කියනවානේ
මං කොපමණ විෂ ද කියලා මුන් දන්නේ නැනේ

එතකොට මහාදද්දර නාගයා මේ ගාථාවන්ගෙන් ඔහුට පිළිතුරු දුන්නා.

(2). තම රටින් නෙරපන ලද
- වෙනත් රටකට ආ සඳ
අනුන්ගේ නපුරු බස
- පිළිනොගෙන පසෙකින් තබන්නට
දැන් ඉතින් ලොකු අටුවක්
- හදාගෙන එහි දමාපන්

(3). තමා කවුදැයි නොදන්නා - රටක වාසයට ගිය විට
තමන්ගේ මහ ලොකුකම් - දැන උගත් කුලමලකම්
ගැන තිබෙන මාන්නය නසා - වසපන් නිහතමානිව

(4). පිට රටක සිටිනා විට
- ගින්න විලසට තෙද තියෙන මුත්
නැණවතා එය නොසිතා
- නිහතමානිව ඉන්නේ
දාසයෙක් බැණ වැදුනත්
- ඔහුටත් සමාව දෙන්නේ

එදා මහාදද්දරගේ වචනයට චුල්ලදද්දර ඇහුම්කන් දුන්නා. කාටවත් හිංසා කරන්ට ගියේ නෑ. තුන් අවුරුද්ද ඇවෑමෙන් පිය නාගරජ්ජුරුවෝ ඒ දෙන්නාම ආපසු නාග භවනට කැඳවාගත්තා. එදා පටන් චුල්ලදද්දර උඩඟු නැති සිතින් නිහතමානීව වාසය කළා. එදායින් පසු මොහුගෙන් නාගභවනේ කාටවත් ම කරදරයක් පීඩාවක් වුනේ නෑ.

මේ කතාව වදාළ භාග්‍යවතුන් වහන්සේ චතුරාර්ය සත්‍ය ධර්මය දේශනා කොට වදාළා. ඒ දේශනාව කෙළවර ක්‍රෝධ සිතින් පීඩා විඳිමින් සිටි භික්ෂුව ඒ කෙලෙස් බැහැර කොට අනාගාමී ඵලයට පත් වුණා. "මහණෙනි, එදා චුල්ලදද්දර වෙලා සිටියේ ක්‍රෝධ සිත නිසා තමාත් පීඩා විඳිමින් අන්අයවත් පීඩාවට පත් කළ මේ භික්ෂුවයි. ක්‍රෝධ සිත් ඇති චුල්ලදද්දරව රකින්ට ගොස් දඬුවම් විඳි මහාදද්දර නාගයාව සිටියේ මම ය කියා භාග්‍යවතුන් වහන්සේ මේ ජාතකය නිමවා වදාළා.

05. සීලවීමංස ජාතකය

සිල් විමසූ බමුණාගේ කතාව

පින්වතුනේ, පින්වත් දරුවනේ,

අදත් ලෝකයේ ගුණධර්මවලට සලකන අය ඉන්නවා. තමන් බලාපොරොත්තු වන ආකාරයේ ගුණධර්ම තියේ දැයි කියා අන් අයව ඒ අයටත් නොදැනීම පරීක්ෂා කරන අයත් ඉන්නවා. ඒ පරීක්ෂණෙන් ඔවුන් අසමත් වුණොත් හෙමිහිට ඔවුන්ව අයින් කරනවා. සමත් වෙන අයව තෝරා ගන්නවා. ඉස්සරත් එහෙම අය ඉඳලා තියෙනවා. මෙය එබඳු කතාවක්.

ඒ දිනවල අපගේ භාග්‍යවතුන් වහන්සේ වැඩ වාසය කොට වදාළේ සැවැත් නුවර ජේතවනයේ. ඔය කාලේ සැවැත් නුවර සිටි පන්සියයක් යහළු තරුණයෝ භාග්‍යවතුන් වහන්සේ වෙත ඇවිත් පැවිදි වුනා. මේ පන්සියයක් භික්ෂූන් වහන්සේලා ජේතවනයේ වාසය කරද්දී රාත්‍රී යාමයේ තම තමන්ගේ සිතට එන පැවිද්දට හානිකර කාම අරමුණු මෙනෙහි කරමින් සිටියා. නමුත් අපගේ භාග්‍යවතුන් වහන්සේ එක් ඇසක් ඇති කෙනා ඒ ඇස හොඳින් පරෙස්සම් කරනවා වගේ, එක ම දරුවා ඇති කෙනා ඒ දරුවා පරෙස්සම් කරනවා වගේ, සෙමර මුවා තමන්ගේ සෙමර වලිගය පරෙස්සම් කරනවා වගේ අප්‍රමාදී ගුණය රකිමින් වැඩ හිටියේ. ඒ වගේ හැම

අවස්ථාවේ ම භික්ෂූන්ගේ නිවන් මග රැකදීම ගැන බලමින් වැඩ හිටියේ.

එදා ඒ රාත්‍රියේ භාග්‍යවතුන් වහන්සේ ජේතවනයේ සිටි සියලු භික්ෂූන් වහන්සේලාගේ සිත් සතන් දෙස බුදු ඇසින් බලා වදාළා. එතකොට සක්විති රාජ භවනට සොරු පැනගත් සෙයින් කාමවිතර්කයන්ගෙන් පීඩා විඳින ඒ භික්ෂූන්ව දැක්කා. දැකලා සුගන්ධ කුටියේ දොර විවෘත කොට අපගේ ආනන්දයන් වහන්සේට කතා කළා. "ආනන්දයෙනි, ඇතුළු කෙළවරේ සන්ථාගාරේ ඉන්න භික්ෂූන්ට එන්ට කියා මේ ගන්ධකුටි දොරටුවේ අසුනක් පනවන්ට."

අර පාප විතර්ක සිතමින් සිටි භික්ෂූන් පන්සියනම වහාම එතැනට රැස් වුණා. පනවන ලද අසුනේ වැඩහුන් අපගේ භාග්‍යවතුන් වහන්සේ මෙසේ වදාළා. "මහණෙනි, ඉස්සර සිටිය නුවණැත්තෝ ලෝකයේ රහස් නැති වග දැනගෙන උන්නා. ඒ නිසා ඒ ඇත්තෝ හොර රහසේ කියාවත් පවක් කළේ නෑ" කියා මේ අතීත කතාව ගෙනහැර දක්වා වදාළා.

"මහණෙනි, ගොඩාක් ඈත අතීතයේ බරණැස් නුවර බ්‍රහ්මදත්ත නමින් රජ්ජුරු කෙනෙක් වාසය කළා. ඔය කාලේ මහාබෝධිසත්වයෝ බරණැස හිටිය දිසාපාමොක් ආචාර්යපාදයන් ළඟට ශිල්ප හදාරන්ට ගියා. එතන ශිල්ප හදාළ පන්සියයක් මානවක ශිෂ්‍යයන්ගේ වැඩිමලාව සිටියේ බෝධිසත්වයෝ.

ඔය දිසාපාමොක් ආචාර්යපාදයන්ට කසාදයට යෝග්‍ය වයසේ දියණියක් සිටියා. ඇගේ විවාහ කටයුතු ගැන දිසාපාමොක් ඇදුරුතුමා සිතුවේ මෙහෙමයි.

'මගේ ළඟ ශිල්ප හදාරන මේ මානවකයන්ගෙන් සිල්වත් කෙනා කවුරුදැයි කියා සොයාගන්ට ඕනෑ. ආන්න ඒ සිල්වතාට යි මං මගේ දියණිය බන්දලා දෙන්නේ."

මෙහෙම හිතලා ඔහු දවසක් සියලුම ශිෂ්‍ය මානවකයන් කැඳෙව්වා. "දරුවනේ... මං මේ ඉතාම වැදගත් කාරණාවක් ගැන කතා කරන්ටයි යන්නේ. ඔයාලා දන්නවා නොවැ මාගේ දුවණිය. ඇ දැන් දීගදෙන්ට නිසි කලවයසේ ඉන්නේ. ඉතින් මං කල්පනා කොළා ඇට ඊට සුදුසු ආභරණාදිය ඕනෑය කියා. ඒ වෙනුවෙන් මං අදහස් කළේ මේකයි. මාගේ දියණිය කරකාර බැඳග න්ට සතුටු කෙනා තමුන්නේ ඤාතීන්ට නොපෙනෙන්ට, නොදැනෙන්ට ඇඳුම් ආයිත්තම්, කනකර බඩු සොරකම් කරලා මට ගෙනත් දෙන්ට ඕනෑ. කාටවත් නොපෙනෙන්ට ගෙනාපුවා විතරයි ගන්නේ. දැකලා, පෙන්නලා ගේන ඒවා ගන්නේ නෑ.

මානවකයෝ ඒ අදහස පිළිගත්තා. දියණිය කරකාරෙට ගන්න අදහස ඇතිව එදා පටන් ඔවුන් තමුන්නේ ඤාතීන් සතු රෙදිපිළි අබරණ ආදිය සොරකම් කොට ගෙනවුත් ආචාර්යපාදයන්ට දෙන්ට පටන් ගත්තා. ආචාර්යපාදයන් ඒ ගේන ගේන ඒවා ඒ ඒ අයගේ නම ගැසූ තැනක වෙන් වෙන්ව තැබුවා. නමුත් බෝධිසත්වයෝ කිසිම දෙයක් ගෙනාවේ නෑ. ආචාර්යපාදයෝ ඒ ගැන විමසුවා. "ඇයි පුත්‍රය, තොප කිසිවක් ගෙනාවේ නැද්ද?"

"එසේය ආචාර්යපාදයෙනි"

"පුත්‍රය, තොප එසේ කළේ මක් නිසා ද?"

"ආචාර්යපාදයෙනි, තොප කිසිවෙකුට පෙනෙන්ට ගේන දේවල් ගේන්ට එපා කිව්වා නොවැ. මට කිසිවෙකුට

නොපෙනෙන්ට කිසිවක් ගන්ට බැරි බව පේනවා. කිසිම පවක් රහසේ කරන්ට පුළුවන් බව මට නම් පේන්නේ නෑ" කියා මේ ගාථා පැවසුවා.

(1). මේ ලෝකේ රහස් කියා කිසිම දෙයක් නැත්තේ
සැඟවී පව් කරන්ට නම් තැනක් ලොවේ නැත්තේ
කැළේ වුනත් වන දෙවියෝ එය බලාන ඇත්තේ
මෝඩයාට රහසේ පව් කරන්ට සිත ඇත්තේ

(2)

පව් කරන්ට රහස් තැනක්
- මා හට නොපෙනෙන්නේ
කවුරුවත් ම නොමැති තැනක්
- ලොව නැත පවතින්නේ
අන් අය නොදකිනා තැනක්
- කොහිද ලොව තියෙන්නේ
එනිසාය භවත පාලු තැනක්
- මා හට නොපෙනෙන්නේ

මෙය ඇසූ ආචාර්යපාදයෝ බොහෝ සතුටු වුනා. "පුත්‍රය, මගේ ගෙදර මහා ධනයක් නැහැ. නමුත් මට ඕනෑ වුනේ සිල්වත් අයෙකුට මාගේ දියණිය බන්දා දෙන්ටයි. සිල්වතා සොයා ගන්ටයි කාටවත් තේරුම් ගන්ට බැරි විදිහට මං මේ පරීක්ෂණේ කොළේ. මගේ දියණිය දෙන්ට සුදුසු ම කෙනා දැන් මං සොයාගත්තා" කියා අනිත් මානවකයන්ට කතා කළා.

"දරුවෙනි, මට ඕනෑ වුනේ සිල්වත් කෙනාව හඳුනාගන්ටයි. එනිසා දරුවෙනි, තොප ගෙන ආ දේ මං වෙන් වෙන්ව පරෙස්සම් කොරලා තියෙන්නේ. දැන් ඉතින් ඒවා ගත් තැනට ආයෙමත් ගෙනිහින් දමන්ට හොඳේ"

කියා ආචාර්යපාදයන් දියණියව සරසා බෝධිසත්වයන්ට පාවා දුන්නා.

මහණෙනි දැක්කා ද..? එදා අනිත් තරුණයින්ට අර බ්‍රාහ්මණ කන්‍යාවිය ලබාගන්ට බැරිවුනේ තමන්ගේ දුස්සීලකම නිසයි. සිල්වත් බව නිසා ම යි අනිත් තරුණයාට ඒ ස්ත්‍රිය ලැබුනේ" කියා භාග්‍යවතුන් වහන්සේ මේ ගාථාවන් වදාළා.

(3)

දුජ්ජච්ච හා සුජච්ච හා නන්ද ය කියන නමින් ද
සුබවච්ඡක හා වෙජ්ජ ද අද්ධුවසීල යන නමින් ද
තවත් නොයෙක් නමින් සිටිය ඔවුන් සියලු දෙනා එතන
අත්හැර දැමුවෝ ධර්මය ගැහැණියකට බැඳී සිතින

(4)

සිල්වත් බෝසත් බමුණා ගුණ දහමින් ගිය පරතෙර
දහමින් හසුරුවන තමා නුවණින් විමසමින් නිතර
අවංකව ම සිල්වතෙකුව දිවි ගෙවයි ද එය ම අතර
ඔහු හට ඒ ස්ත්‍රිය නොලැබෙන්නට ඇති හේතු කවර?

භාග්‍යවතුන් වහන්සේ මේ ආකාරයෙන් අවංකවම ප්‍රතිපදාවක පිහිටීමෙන් බෝසත් අවදියේ පවා යහපත උදාකරගත් හැටි පෙන්වා දී චතුරාර්ය සත්‍යය ධර්මය වදාළා. ඒ දේශනාව අවසානයේ පන්සියයක් භික්ෂූන් වහන්සේලා උතුම් අරහත්වයට පත් වුනා. "මහණෙනි, එදා සිල්වත් තරුණයා සොයාගන්ට පරීක්ෂණය පැවැත්වූ දිසාපාමොක් ආචාර්යපාදව සිටියේ අපගේ සාරිපුත්තයෝ. අවංකව ප්‍රතිපදාවේ පිහිටා සිටි නුවණැති බ්‍රාහ්මණ තරුණයාව සිටියේ මම ය කියලා භාග්‍යවතුන් වහන්සේ මේ ජාතකය නිමවා වදාළා.

06. සුජාතා ජාතකය

සුජාතා දේවියගේ කතාව

පින්වතුනේ, පින්වත් දරුවනේ,

අපේ රටේ මෙහෙම කතාවක් තියෙනවා. කෙනෙක් මුලින් එනකොට එන්නේ තුත්තිරි ගස් පවා අල්ලාගෙනයි. හැබැයි යනකොට යන්නේ මහා ගස් පෙරලාගෙනයි. ඒ වගේම තවත් කතාවක් තියෙනවා අලුත ගෙනා මනමාලී වහලෙත් ගොම ගානවා. තවත් කලක් යනකොට ඈ ගොමවත් හඳුනන්නෙ නෑ' කියා. මෙතනත් කියවෙන්නේ එබඳු කතාවක්.

ඒ දිනවල අපගේ භාග්‍යවතුන් වහන්සේ වැඩ වාසය කොට වදාළේ සැවැත් නුවර ජේතවනයේ. ඔය කාලේ කොසොල් රජ්ජුරුවන්ගේ මාළිගාවේ මල්ලිකා බිසොවයි රජතුමායි අතර දබරයක් ඇති වෙලා තිබුනා. දවසක් සයනේ සැතපෙන්ට ගිය වෙලාවේ මල්ලිකා දේවිය 'වාසනාව' ගැන කියාපු කතාවක් නිසයි දෙන්නා වාදෙට පැටලුනේ. මල්ලිකා දේවී කලින් ගොඩාක් දිළිඳු පවුලක කෙනෙක් නොවැ. ඈයට එය අමතකවීම ගැනයි රජ්ජුරුවන්ට වඩාත් ම කේන්ති ගියේ. ඒ දෙන්නාගේ සණ්ඩුවට 'සයනකෝලාහලේ' කියලත් කියනවා. එදායින් පස්සේ රජ්ජුරුවෝ මල්ලිකා දේවියත් එක්ක කතා කිරීම

නැවැත්තුවා. ඈ ඉන්නා වගක්වත් ගණන් ගත්තේ නෑ. එතකොට මල්ලිකා දේවී මෙහෙම සිතුවා.

"හනේ මන්දා... ඇයි අපේ රජ්ජුරුවෝ මෙතරම් කේන්ති ගන්නේ! අපගේ භාග්‍යවතුන් වහන්සේ මා ගැන රජ්ජුරුවෝ කෝපෙන් ඉන්නා වග නොදන්නා සේක් ම යි" කියලා.

මේ කාරණය දැනගත් අපගේ භාග්‍යවතුන් වහන්සේ 'මේ දෙන්නාව ආයෙමත් සමගි කරවන්ට ඕනෑ' ය යන අදහසින් එදා පන්සියයක් භික්ෂූන් වහන්සේලා පිරිවරාගෙන කොසොල් රජ්ජුරුවන්ගේ මාළිගයට වැඩම කළා. රජ්ජුරුවෝ ඉක්මනින් ඇවිත් භාග්‍යවතුන් වහන්සේගේ පාත්‍රය අතට ගෙන රජ ගෙදර ඇතුළට වැඩමවා ගත්තා. භාග්‍යවතුන් වහන්සේවත් භික්ෂු සංඝයාවත් ආසනවල වඩා හිඳෙව්වා. දන් බෙදන්ට සූදානම් වෙද්දී භාග්‍යවතුන් වහන්සේ පාත්‍රය ශ්‍රී හස්තයෙන් වසා වදාළා.

"මහරජ්ජුරුවෙනි, දේවීන්නාන්සේ කොයිබද?"

"අනේ ස්වාමීනී, ඈ ගැන නම් කතා කරලා වැඩක් නෑ. ඈ තමන්ට ලැබුනු සැප සම්පත්වලින් තාන්නමාන්නවලින් මත්වෙලා ඉන්නේ."

"ඇයි මහරජ්ජුරුවෙනි එහෙම කියන්නේ? තමන් ම නොවැ ඈට ඔය යස ඉසුරු, තාන්නමාන්න දුන්නේ. කාන්තාවක උඩට ඔසොවා තබලා ඊට පස්සේ ඈ කළ වරදට ඔහොම නොඉවසන එක නම් හරි මදි."

භාග්‍යවතුන් වහන්සේගේ මේ කීමට රජ්ජුරුවෝ අවනත වුණා. ඇයවත් දන් බෙදන්ට කැඳවාගත්තා.

දෙන්නා ම දන්පැන් බෙදුවා. ඊට පස්සේ භාග්‍යවතුන් වහන්සේ සමගියෙහි ඇති ප්‍රණීත රසවත් බව ගැන ප්‍රශංසා කරමින් දහම් දෙසා වදාළා. එදා පටන් දෙන්නා ඉතාමත් සුහදව සමඟි සම්පන්නව සතුටින් වාසය කළා.

එදා දම්සභා මණ්ඩපයට රැස්වූ භික්ෂූන් වහන්සේලා මේ දෙන්නා වහා සමඟි වීම ගැන කතා කරමින් සිටියා. "බලන්ට ඇවැත්නි, අප භාග්‍යවතුන් වහන්සේගේ අනුකම්පාව. භාග්‍යවතුන් වහන්සේගේ එක වචනයෙන් ම කිසිම වාද විවාදයක් නැතිව දෙන්නා සමගි වුණා නොවැ" කියා. ඒ අවස්ථාවේ අපගේ භාග්‍යවතුන් වහන්සේ එතැනට වැඩම කොට වදාළා. භික්ෂූන් වහන්සේලා තමන් කතා කරමින් සිටි කරුණ භාග්‍යවතුන් වහන්සේට සැළකලා. භාග්‍යවතුන් වහන්සේ මෙසේ වදාළා.

"මහණෙනි, ඔය දෙන්නාව එක ම අවවාදයෙන් මං සමඟි කළේ මේ ආත්මේ විතරක් නොවෙයි. ඔයිට කලින් ආත්මෙකත් එක ම අවවාදයෙන් මං ඔය දෙන්නාව සමඟි කළා" කියා මේ අතීත කතාව ගෙනහැර දක්වා වදාළා.

"මහණෙනි, ගොඩාක් ඉස්සර කාලෙක බරණැස් නුවර බ්‍රහ්මදත්ත නම් රජ්ජුරු කෙනෙක් රාජ්‍ය විචාරමින් සිටියා. ඔය කාලේ මහාබෝධිසත්වයෝ ඒ රජ්ජුරුවන්ගේ අර්ථධර්මානුශාසක පදවිය හොබවන අමාත්‍යවරයාව සිටියා. දවසක් රජ්ජුරුවෝ සීමැදිරි කවුළුවෙන් රාජාංගණය දෙස බලාගෙන සිටියා. ඒ වෙලාවේ පලා විකුණන පවුලකට අයත් ඉතා හැඩකාර කෙල්ලක් මසං ගෙඩි පුරවාගත් පැසක් හිසමත තබාගෙන "මසන් ලාහයි... මසන් ගන්ට... මසන් ලාහයි... මසාන්!" කිය කියා

වෙළඳාමේ යනවා දැක්කා. දැකලා මෙහෙම සිතුවා. 'ෂා!... අපූරු හැඩකාර එකියක් නොවැ. ඇ බැඳපු එකියක් ද, නැත්නම් කන්‍යාවියක් දැයි සොය බලන්ට ඕනෑ' කියලා සේවකයෙක් ලවා ඇය ගැන සොයා බැලෙව්වා. එතකොට ඈ අවිවාහක බව දැනගන්ට ලැබුනා. රජ්ජුරුවෝ ඈ මාළිගාවට කැඳවාගෙන අග මෙහෙසිය තනතුරේ අභිෂේක කෙරෙව්වා. මේ නිසා ඇයට බොහෝ යස ඉසුරු ලැබුනා. රජ්ජුරුවන්ට ඈ ඉතාම ප්‍රියමනාප වුනා. ඈ හැඳින්වුනේ සුජාතා දේවී කියලයි.

දවසක් රජ්ජුරුවෝ රන් බඳුනක දමාගත් මසන් ගෙඩි කමින් සිටියා. එතකොට සුජාතා දේවී කවදාකවත් මසන් ගෙඩියක් දැක නැති කෙනෙක් වගේ 'හානේ... රජ්ජුරුවන් වහන්ස, මොනාද මේ ඔබවහන්සේ වළඳන රතුපාට ගෙඩි ජාතිය!' කියා අසමින් මේ ගාථාව කිව්වා.

(1)

හනේ හැබෑටම මේ ගෙඩි හරිම වටකුරුයි රජුනේ
රන්බඳුනේ දා මේවා රසවිඳිනා හැටි සොඳිනේ
රතුපාටට හැඩ රුව ඇති මේ ගෙඩි දෙයි නොවැ දිස්නේ
මේව අනේ මොනවාදැයි කියනවා ද මට රජුනේ

මෙය ඇසූ රජ්ජුරුවන්ට හොඳටම කේන්ති ගියා. "හෑ... බොල... මේං බලාපල්ලකෝ... මේකිට ගිය කලදසාව. ඇයි... එළවළු විකුණන ගෙදර ඉන්නැද්දි... පැසක් හිස උඩ තියාන විකුණ විකුණ ගිය ගෙඩි ජාතිය ගැන දන්නැද්ද තී?" කියා මේ ගාථා පැවසුවා.

(2)

හනේ හනේ දේවී තී කලින් ගෙදර උන්නු කාලෙ
කඩමලු හැඳ පැසක් තිගේ හිසේ තියන් ගියපු කාලෙ

ගසක් ගානෙ ගොහින් කඩා මේ ගෙඩි රැස් කරපු කාලෙ
තිගේ කුලේටයි නොවැ මේ ගෙඩි තියෙන්නෙ මෙබඳු තාලෙ

(3)

රාජ කුලේ නවාතැනට ඇවිදින් සිටිනා තී දැන්
ඇල්ම නැතිව ගියා නේද කන්ට බොන්ට රාජ බොජුන්
නෙරපා හැර දමනු මැව පැසක් හිසට ගන්ට ඉතින්
තිට එතකොට මතක් වේවි මේ ගෙඩිවල නම සැණෙකින්

සුජාතා දේවීගේ බොළඳකම ගැන අප්‍රසාදයට පත් රජ්ජුරුවෝ ඈ සමඟ කතාබස් කිරීම අත්හැරියා. ඈ ගැන කිසිවගක් නැතිව සිටියා. බෝධිසත්වයන්ට මේ ගැන දැනගන්ට ලැබුනා. 'මං හැර මේ දෙන්නාව සමඟි කරන්ට ඇහැක් වෙන කෙනෙක් නෑ. මං මෙයට මැදිහත් නොවුනොත් රජ්ජුරුවෝ දේවීව මාළිගාවෙන් බැහැර කරන්ටත් පුළුවනි. ඒක වළක්වන්ට ඕනෑ' කියා සිතා රජ්ජුරුවන්ට මේ ගාථාව පැවසුවා.

(4)

නිරිඳාණෙනි ගෑණුන් හට යස ඉසුරු ද
- ලොකු තනතුරු ලැබුන විට දි
එයින් මත් වෙලා මෙලෙසින් පමා දොසක් වූ කලක දි
කෝප වීම හරි නෑ නොවැ සුළු වරදක් වූ විටක දි
සමාව දෙනු මැන රජුනේ සුජාතා දේවීට මෙතැන දි

එතකොට රජ්ජුරුවෝ බෝධිසත්වයන්ගේ වචනයට සවන් දීලා සුජාතා දේවියට කලින් වගේම සලකන්ට පටන් ගත්තා. එදා පටන් දෙන්නා සමගිව සතුටින් වාසය කළා.

මහණෙනි, එදා බරණැස් රජ්ජුරුවෝ වෙලා සිටියේ

කොසොල් රජතුමා. සුජාතා දේවී වෙලා සිටියේ මල්ලිකා දේවී. ඒ දෙන්නාව සමගි කළ ඇමතියාව සිටියේ මම ය කියා භාග්‍යවතුන් වහන්සේ මේ ජාතකය නිමවා වදාළා.

07. පලාස ජාතකය
එරබදු ගසේ සිටි රුක් දෙවියාගේ කතාව

පින්වතුනේ, පින්වත් දරුවනේ,

මේ කතාවෙන් කියැවෙන්නේ අපගේ උතුම් ආනන්දයන් වහන්සේ ගැනයි.

එදා අපගේ ශාස්තෘ වූ භාග්‍යවතුන් වහන්සේ කුසිනාරාවේ උපවර්තන සල් වනයේ මල් පිපී ගිය සල් රුක් දෙකක් අතරේ පිරිනිවන් මඤ්චකයෙහි උතුර දෙසට හිස ලා සැතපී වදාළා. එදා රෑ අපගේ ආනන්දයන් වහන්සේට තමන් විසිපස් අවුරුද්දක් සෙවණැල්ලක් සේ වෙන් නොවී මහත් ආදර භක්තියෙන් උපස්ථාන කළ ශාස්තෘන් වහන්සේ තමන්ගෙන් වෙන් වී යාම ගැන ශෝකාතුරව සිටියා.

"අයියෝ... අනේ... හෙට එළිවෙන්ට කලියෙන් මාගේ ශාස්තෘන් වහන්සේ පිරිනිවන් පානවා නොවේද! මා කෙරෙහි මේ සා දයානුකම්පාවක් දැක්වූ මාගේ භාග්‍යවතුන් වහන්සේ ජීවමානව වැඩ සිටිද්දී මට අනේ තවමත් නිකෙලෙස් වෙන්ට බැරි වුනා. තවම මං සෝතාපන්න කෙනෙක්. අනේ මට නම් මේ සංසාරේ යන්ට ඕනෑ ම නෑ. ඒත්... ඒත්... ලක්ෂ සංඛ්‍යාත ජනයාට නිකෙලෙස් වෙන්ට නිවන් මග වදාළ මාගේ ශාස්තෘන් වහන්සේ මට නිකෙලෙස් වෙන්ට අවවාද කරන්ට කලිං...

අයියෝ... පිරිනිවන් පානවා නේද!" කියා සල් වනයේ තිබුනු ගෙයි දොරබාවේ එල්ලීගෙන හඬ හඬා හිටියා.

"මහණෙනි, අපගේ ආනන්දයෝ කොයි ද?" කියා භාග්‍යවතුන් වහන්සේ අසා වදාළා.

"අනේ ස්වාමීනී භාග්‍යවතුන් වහන්ස, අපගේ ආනන්දයන් වහන්සේ ආං පිටුපස ගෙයි දොරබාවේ එල්ලීගෙන හඬ හඬා ඉන්නවා."

"මහණෙනි, ආනන්දයන්ට එන්ට කියන්ට."

එතකොට අපගේ ආනන්දයන් වහන්සේ ඇවිත් භාග්‍යවතුන් වහන්සේට වන්දනා කොට එකත්පස්ව වාඩිවුනා. "ආනන්දයෙනි, ප්‍රියමනාප වූ සෑම සියලු දෙයකින් ම වෙන් වෙන්ට සිදුවන බව මං කලින් ම කීවා නේද? නාඬා හිටින්ට ආනන්දයෙනි. ඔබ බොහෝ පින් කළ කෙනෙක්. ඔබ තථාගතයන්ට මෛත්‍රී කාය කර්මයෙන්, මෛත්‍රී වචී කර්මයෙන්, මෛත්‍රී මනෝ කර්මයෙන් උපස්ථාන කළ කෙනෙක්. තථාගතයන් වෙහෙසට පත් නොකළ කෙනෙක්. ආනන්දයෙනි, වීර්යය කරන්ට. සුළු කලකින් ඔබ නිකෙලෙස් වෙනවා.

මහණෙනි, මේ ආනන්දයෝ මෙකල මට කළ උපස්ථාන ගැන කවර කතා ද, මීට කලින් ආත්මෙක බෝධිසත්වයෝ කෙලෙස් සහිතව සිටින කාලේ ආනන්දයන් උපස්ථාන කළා. ඒකවත් නිෂ්ඵල වුනේ නෑ නොවැ" කියා මේ අතීත කතාව ගෙනහැර දක්වා වදාළා.

"මහණෙනි, ඈත අතීත කාලේ බරණැස් පුරේ බ්‍රහ්මදත්ත නමින් රජ්ජුරු කෙනෙක් රාජ්‍ය විචාරමින් සිටියා. ඔය කාලේ මහාබෝධිසත්වයෝ එරබදු වෘක්ෂයක

දේවතාවෙක් වෙලා උපන්නා. ඒ කාලේ බරණැස මිනිස්සු දෙවියන් උදෙසා පුද පූජා පැවැත්වීම මංගල කාරණයක් හැටියටයි කල්පනා කළේ. ඒ නිසා නිතර පුද පූජා පැවැත්තුනා.

දවසක් එක්තරා දුගී බ්‍රාහ්මණයෙක් 'අනේ... මාත් දේවතාවෙකුට උපස්ථාන කරන්ට ඕනෑ' කියලා හිතාගෙන ඔහුගේ නිවස අසල කුඩා කඳු ගැටයක පිහිටි එරබදු වෘක්ෂයක් වෙතට ගියා. ඒ වෘක්ෂය වටේ සමතලා කරලා, සුදු වැලි දමලා, සුවඳ දුම් අල්ලා, කහ දියර ඉසලා, මල් පුදලා, පහන් දල්වා 'මේ වෘක්ෂයේ සිටිනා දෙව්රජා සැපසේ සැතපෙන්ට' කියා වෘක්ෂය වටා පැදකුණු කරලා පිටත් වුනා. පසුවදා පාන්දරින් වෘක්ෂය ළඟට ගොහින් '' දේවතාවුන්නාන්සේ සැපසේ සැතපුනා ද?" කියා ඇසුවා. මේ විදිහට දිනපතා ඒ වෘක්ෂයට ආදරයෙන් සලකද්දි වෘක්ෂ දේවතාවා මෙහෙම සිතුවා.

'මේ බ්‍රාහ්මණයා මට මහත් ආදරයෙන් උපස්ථාන කරනවා. මං අහන්ට ඕනෑ මෙයා ඇයි මට මෙහෙම සලකන්නේ කියා. මොකක් හෝ ඕනෑකමක් තියේ නම් මං ඒක කරලා දෙනවා.'

මෙහෙම සිතා මහලු බ්‍රාහ්මණයෙකුගේ වේශයෙන් අර බමුණා ළඟට ගියා. ගිහින් මේ පළමු ගාථාව පැවසුවා.

(1).   අනේ බමුණ ඇයි ද ඔයා
            - සිත් පිත් නැති කන් නොඇසෙන
මේ එරබදු ගසට මේ තරම්
            - දන්නා කෙනෙකුට වාගේ සලකන්නේ
හැමතිස්සෙම සැලකිල්ලෙන්
            - නොමැලිව හොඳ හැටි සලකා

සුවසේ සැතපුනි ද කියා
- අසන තරම් කරුණ කුමක් දෝ?

ඒ මහලු බ්‍රාහ්මණයා ඇසූ පැනයට පිළිතුරු වශයෙන් දුගී බමුණා මේ ගාථාව පැවසුවා.

(2)

බමුණාණෙනි බලන්ට මේ වෘක්ෂරාජයා
- දුරටත් පැතිරී අගේට පෙනෙන ලස්සන
උස් තැනක පිහිටි මහ විශාල
- මේ රුක ගැන මට වැටහෙන්නේ
මහ බලවත් දෙවියෙක් මෙහි ඇත කියලයි
- මේ එරබදු ගස වඳිනෙමි එනිසා
ඉදින් සිටියෝතින් දෙවියෙක් මෙහි
- මා හට යම් ධනයක් ලබා දෙනු ඇත

බමුණා කියූ මේ ගාථාවට දෙවියා පැහැදුනා. "බොහෝම සතුටුයි... බ්‍රාහ්මණය, බොහෝම සතුටුයි. බ්‍රාහ්මණය, මේ වෘක්ෂයට අධිගෘහිත දේවතාවා මම යි. භය ගන්ට කාරි නෑ. මම තොපට ධනය දෙන්නම්" කියලා ඔහුව අස්වැසුවා. මහත් වූ දේවානුභාවයෙන් තමන්ගේ විමන්දොර ආකාසේ පෙනී සිටිමින් මේ ගාථාවන් පැවසුවා.

(3)

හැකි පමණින් ඔබහට මං සලකම් බමුණ
- කළගුණ දන්න කෙනෙකි මං
සත්පුරුෂ කෙනෙකු වෙතට නිති ඇවිත්
- සුවසේ සැතපුනි දැයි අසමින්
මිදුල ඇමද මල් පහන් පුදා කරන සැලකිලි
- ඉතා හොඳින් ඔහුට පෙනෙන්නේ

යහපත් ගුණ ඇති අයෙකුට සලකන විටදී
- එය කෙසේ ද නිෂ්ඵල වන්නේ?

(4)

තිඹිරි ගස මුලත් තියෙනවා
- පලොල් ගස යටත් තියෙනවා
කලින් හිටිය ධනවතුන් නිධන් කළේ
- එහි තියෙනවා හොඳට වස්තුව
ඒවට දැන් අයිතිකරුවො නෑ
- එනිසා ඒ ගස් මුල සාරා
ඒ නිධාන ගොඩට අරගනින්
- ඉතින් බමුණ සැපසේ වසපන්

ඊට පස්සේ ආයෙමත් ඒ දේවතාවා බමුණාට මෙහෙම කිව්වා. "බ්‍රාහ්මණය, තොප ගොහින් ඔය නිධන් ගොඩට ගනිද්දි ගොඩාක් වෙහෙසෙන්ට වෙනවා. ඒ නිසා තොප ගෙදර යන්ට. මං ම ඒවා ගෙනැවිත් තොපගේ නිවසේ අසවල් තැන සඟවා තබන්නම්. තොප දිවි තියෙන තුරා ඒවා වියදම් කොට හොඳට කා බී ඇඳලා සතුටින් හිටපන්. සිල් රැකපන්. දන්පැන් පුදාපන්." මෙහෙම කියා ඒ දෙවියා තමන්ගේ දේවානුභාවයෙන් බ්‍රාහ්මණයාගේ ගෙදර ඒ වස්තුව තැන්පත් කළා.

මහණෙනි, එදා එරබදු රුකට උවටැන් කළ දුගී බ්‍රාහ්මණයා වෙලා සිටියේ මේ අපේ ආනන්දයෝ. ඒ බ්‍රාහ්මණයාට ප්‍රසන්නව ධනය ලබා දුන් වෘක්ෂ දේවතාවා වෙලා සිටියේ මම ය කියලා භාග්‍යවතුන් වහන්සේ මේ ජාතකය නිමවා වදාළා.

08. ජවසකුණ ජාතකය

සිංහයාව මරණයෙන් බේරාගත් කොට්ටෝරුවාගේ කතාව

පින්වතුනේ, පින්වත් දරුවනේ,

මේ ලෝකයේ අසරණ වී සිටි කෙනෙකුට තවත් කෙනෙක් උදව් කරනවා. ඒ උදව්වේ උපකාරයේ පිහිටා අසරණ කෙනා බලවත් කෙනෙක් වෙනවා. බලවත් වුනාට පස්සේ තමන්ට උදව් උපකාර කළ කෙනාට පෙරළා හානි කරන්ට පෙළඹෙනවා නම් එබඳු කෙනාට කියන්නේ අසත්පුරුෂයා කියලයි. මිනිස් ඉතිහාසය පුරාම එබඳු අසත්පුරුෂයන්ගේ කතා ඕනෑ තරම් තියෙනවා. ඒ අසත්පුරුෂයන් අතර බලවත්ම අසත්පුරුෂයෙක් හැටියට ඉතිහාසගත වුනේ දේවදත්තයි. මේ කතාවෙනුත් කියැවෙන්නේ ඒ අසත්පුරුෂ දේවදත්ත ගැනයි.

ඒ දිනවල අපගේ භාග්‍යවතුන් වහන්සේ වැඩ වාසය කොට වදාළේ සැවැත්නුවර ජේතවනයේ. එදා දම්සභා මණ්ඩපයේ රැස්වූ භික්ෂූන් වහන්සේලා දේවදත්තගේ කළ උපකාර නොදන්නා අසත්පුරුෂකම ගැන කතා කරමින් සිටියා. ඒ අවස්ථාවේ අපගේ භාග්‍යවතුන් වහන්සේ එතැනට වැඩම කොට වදාළා. භික්ෂූන් වහන්සේලා තමන් කතා කරමින් සිටි කරුණ

භාග්‍යවතුන් වහන්සේට සැළකලා. භාග්‍යවතුන් වහන්සේ මෙසේ වදාළා.

"මහණෙනි, ඔය දේවදත්ත කළ උපකාර අමතක කළේ අද මේ ආත්මේ විතරක් නොවෙයි. මීට කලින් ආත්මෙත් ඔය විදිහම තමා" කියා මේ අතීත කතාව ගෙනහැර දක්වා වදාළා.

"මහණෙනි, ගොඩාක් ඉස්සර කාලෙක බරණැස්පුරේ බ්‍රහ්මදත්ත නමින් රජ්ජුරු කෙනෙක් රාජ්‍ය විචාරමින් සිටියා. ඔය කාලේ මහාබෝධිසත්වයෝ හිමාල වන ප්‍රදේශයේ කොට්ටෝරු පක්ෂියෙක් වෙලා උපන්නා. දවසක් මේ කොට්ටෝරුවාට බලවත්ව රෝගාතුරව කෙඳිරි ගාමින් ඉන්නා සිංහයෙකුව දකින්ට ලැබුනා. එතකොට කොට්ටෝරුවා සිංහයාට නුදුරින් ගස් අතරේ අත්තක වහලා හොඳට විපරම් කළා.

"ඇ මිත්‍රයා... මොකෝ ඔය... මහා දුකකට පත් වෙලා වගේ?"

එතකොට සිංහයා අමාරුවෙන් ඔළුව උස්සා කොට්ටෝරුවා දෙස බැලුවා. "හෝ... ම්... හ්... ආහ්... හරී... වේදනයි... ඕ... කොට්ටෝරු නයිදේ... උඹද... ආහ්... හනේ... බලාපන් මට වෙච්චි විපැත්තිය! මයෙ හිතේ මස් කටුවක් උගුරේ ඇනිලා තියෙන්නේ... මේ... බලාපන්... මේ උගුරයි, බෙල්ලයි හොඳටෝ ම ඉදිමිලා... ආහ්... හරිම වේදනායි!"

එතකොට කොට්ටෝරුවා ටිකක් ළං වුනා. "කෝ... අපට ළං වෙලා ඔහේගේ අසනීපය බලන්ට පිළිවෙළක් නෑ නොවැ. ඔහේ පැනපු ගමන් අපිව කා දමාවි."

"ඕං... බලාපං කියන කතාව. මට උඹව කනවා තියා කට ඇරගන්ටවත් බැරි කොට. අනික උඹ උදව්වට නොවැ ආවේ. මං එහෙම කොරනවා යැ... ආහ්..."

"ම්... උත්සාහයක් ගත්තොත් මට ඔහේගේ උගුරේ පැටලී තියෙන මස් කටුව අහක් කොරන්ට නං පුළුවනි. ඒත් මං කොහොමෙයි ඒක කොරන්නේ... මට ඔහේගේ කට ඇතුළට රිංගන්ට වෙනවා... නමුත් මං කටට ඇතුළු වෙච්චි ගමන් මාව කා දැමුවොත්!"

"අයි... අයියෝ... මොනාද බං උඹ මේ දොඩන්නේ... මං මෙහෙම තව ටික දොහක් උන්නොත් මැරී යාවි... අනේ... පුළුවන් නම් මාව බේරා ගනින්. උඹ කියන හැටියකට ඉඤ්ඤං! අනේ මයෙ පණ කෙන්ද බේරා දීපං."

එතකොට කොට්ටෝරුවා සිංහයාට උදව් කරන්ට තීරණය කළා. "හ්ම්... ඕං... එහෙනම්... මං ඔහේට උපකාර කරන්නම්... හැබැයි ඉස්සෙල්ලාම පැත්තට ඇල වෙන්ට ඕනෑ" කියලා සිංහයාව පැත්තට හාන්සි කෙරෙව්වා.

"හරි... දැන් එහෙනම්... ඔහේ හෙමින් හෙමින් කට අරින්ට."

එතකොට සිංහයා කෙඳිරි ගාමින් කට ඇරියා. කොට්ටෝරුවා බිම වැටී තිබුනු කෝටු කැබැල්ලක් හොටින් අරන් ආවා. කට ඇරගෙන සිටි සිංහයාගේ උඩු තල්ලටත් යටි ඇන්දටත් හරස් වෙන්ට තිබ්බා. දැන් සිංහයාට කට වහන්ට බෑ. කොට්ටෝරුවා හෙමිහිට සිංහයාගේ කටට ඇතුළු වුනා. ඇට කැබැල්ල හිරවී තියෙනවා දැක්කා. ඇට කැබැල්ලේ කොණට හොටින් පහර දුන්නා. එතකොට ඒ ඇට කැබැල්ල ගැලවී ගියා.

ඇට කැබැල්ල ඉවත් කරලා සිංහයාගේ කටින් එළියට නික්මෙන ගමන් හරස් අතට තබාපු දඬු කැබැල්ලටත් තුඩින් පහර දීගෙන ම ඉගිල ගියා. ගිහින් අතු අතරේ සැඟවුනා. සිංහයා සුවපත් වුනා. කොට්ටෝරුවා දැක්කා දවසක් මේ සිංහයා කුළුමීමෙක්ව මරාගෙන කනවා. දැකලා හිතුවා 'මේ සිංහයාට මා කළ උපකාරය මතක තියේ දැයි විමසන්ට ඕනෑ' කියලා ගසක අතු අතර සැඟවීගෙන මේ පළමු ගාථාව කිව්වා.

(1)

මෘගරාජය එදා අපට පුළුවන් වූ හැම දෙයක් ම
- ඔබ වෙනුවෙන් කරදුන් හින්දා
අද ඔබ සුවපත් වීමෙන්
- සුවසේ ඉන්නවා නේද ඒ උදව්ව හින්දා
නමස්කාර කරමි ඔබට තවත් දෙයක් කීමට
- මට ඔබ අවසර දේවි ද මන්දා
මටත් ඔබෙන් ලැබුනෝතින් යමක් මෙදා
- ඉතා අගෙයි ඔබට සතුටු හින්දා

එය අසා සිටි සිංහයා කොට්ටෝරුවා දෙස බලාගෙන මේ ගාථාව කිව්වා.

(2). බිහිසුනු දේ නිතර කරන
- ලේ මස් පමණක් ම බුදින
මා කවුරුද කියා හොඳට
- තෝ නොදන්නවාදෝ බොල
මයෙ දත් අතරට රිංගා
- පණ බේරාගෙන එළියට
ආපු එකම ඕනෑවටත්
- වැඩිය තියෙනවානේ තොට

එතකොට කොට්ටෝරුවා සිංහයාට මේ ගාථාවන්ගෙන් පිළිතුරු දුන්නා.

(3).   ලැබුනු උදව් සිහි නොකරන
            - උදව් නොකරනා අනුන්ට
       කෙනෙක් සිටිත් නම් මෙලොවේ
            - කළගුණයක් පිහිටා නැති
       එබඳු කෙනෙකු ඇසුරු කළොත්
            - ඒ කෙනාට කවදාවත් යහපතක් නොවන්නේ

(4).   යමෙක් පෙරටවිත් යමෙකුට
            - උදව් කළත් අවංකව ම
       මිතු දහමක් කිසි ලෙසකින්
            - ඔහුගෙන් නොලැබේ නම්
       ඔහු හට ඉරිසියා නොකොට
            - ඔහු හට දොස්පරොස් නොබැන
       ඉක්මනින් ම ඔහු ඇසුරින්
            - වෙන් විය යුතු වන්නේ

මෙහෙම කියපු කොට්ටෝරුවා එතැනින් ඉගිල ගියා.

මහණෙනි, එදා කොට්ටෝරුවාගේ උදව්වෙන් පණ බේරාගත් සිංහයා වෙලා සිටියේ මෙදා දේවදත්ත. එදා කොට්ටෝරු පක්ෂියාව සිටියේ මම ය කියා භාග්‍යවතුන් වහන්සේ මේ ජාතකය නිමවා වදාළා.

09. ඡවක ජාතකය

ළාමක තැනැත්තා ගැන කතාව

පින්වතුනේ, පින්වත් දරුවනේ,

ගරු සත්කාර දැක්විය යුතු දෙයට ගරු සත්කාර දැක්වීම ජීවිතයක ගුණධර්ම පිහිටන්ට බොහෝ සේ උදව් වෙනවා. ගරු සරු නොදක්වා ඉගෙන ගැනීම ළාමක පුද්ගලයන්ගේ දෙයක් බව කියවෙන මේ කතාව අපට ගොඩාක් උපකාරයි.

ඒ දිනවල අපගේ ශාස්තෘන් හන්සේ වැඩ වාසය කොට වදාළේ සැවැත්නුවර ජේතවනයේ. ඔය කාලේ ඡබ්බග්ගිය භික්ෂූන් නමැති සය දෙනෙකුගේ භික්ෂු කණ්ඩායමක් අනුන්ට ධර්මය දේශනා කරද්දී ධර්මයට ගරුසරු දැක්වූයේ නෑ. ඒ කියන්නේ තමන් කුඩා ආසනයක හිඳගෙන ඊට වඩා උස, වටිනා ආසනවල වාඩි වී සිටින ගිහියන්ට ධර්මය දේශනා කළා. මෙය දුටු භික්ෂූන් වහන්සේලා භාග්‍යවතුන් වහන්සේට මේ ගැන සැළකළා. භාග්‍යවතුන් වහන්සේ සවග භික්ෂූන් වහන්සේ කැඳවා මේ ගැන ප්‍රශ්න කොට වදාළා.

"හැබෑද මහණෙනි, ඔබ පහත් ආසනවල වාඩිවෙලා උස් ආසනවල වාඩිවී සිටින ගිහියන්ට දහම් දෙසනවා ද?"

"එහෙමයි ස්වාමීනී."

"මහණෙනි, ඒක නොකළ යුතු දෙයක්. මා විසින් සත්වයන් කෙරෙහි අනුකම්පාවෙන් පවසන ලද ධර්මයට ඔබ ගෞරව දක්වන්නේ නෑ. නමුත් මහණෙනි, ඉස්සර හිටිය නුවණැත්තෝ පහත් ආසනයක වාඩි වී සිටින ගුරුවරයා, උසස් ආසනයක වාඩි වී සිටින කෙනෙකුට බාහිර මන්ත්‍ර ඉගැන්වීමට පවා දොස් කියලා තියෙනවා" කියා මේ අතීත කතාව ගෙනහැර දක්වා වදාළා.

"මහණෙනි, ගොඩාක් ඉස්සර කාලේ බරණැස් නුවර බ්‍රහ්මදත්ත නමින් රජ්ජුරු කෙනෙක් රාජ්‍ය විචාරමින් සිටියා. ඔය කාලේ මහාබෝධිසත්වයෝ සැඩොල් කුලේ ඉපදිලා හිටියේ. තිසි වයසේදී පවුල් ජීවිතයක් පටන් අරගෙන සමඟියෙන් වාසය කළා. ඔහුගේ බිරිඳට අඹ ගෙඩියක් අනුභව කිරීමේ දොළදුකක් උපන්නා. "අනේ ස්වාමී, මට අඹයක් අනුභව කරන්ට ආසයි"

"සොඳුරී, මේ කාලේ අවාරේ නොවැ. මේ කාලේ කොයින්ද අඹ! ඒ වෙනුවට වෙන ඇඹුල් ජාතියක් ගෙනැවිත් දෙන්නං."

"එපා... මට වෙන ජාති ඕනැන්නේ නෑ. අඹයක් ම යි කන්ට ආසා... ඉතිං ඔයා මට අඹයක් ගෙනැවිත් දුන්නොත් මයෙ පණ කෙන්ද තියේවි. නැත්තං ඕං මට මොනවා හරි වුනොත් ඔයා හිත හදාගන්ට."

එතකොට මොහු බරපතළ කල්පනාවකට වැටුනා. 'ඕහ්... හරි වැඩේ නොවැ. දැන් මං කොහොමෙයි අපේ එක්කෙනාට අඹයක් ගෙනල්ලා දෙන්නේ... එයාගේ ඉල්ලීම මං කොහෝම හරි ඉෂ්ට කරන්ට ඕනෑ... ම්... බරණැස්

රජ්ජුරුවන්නේ උයනේ නම් අඹගස්වල මුළු අවුරුද්දේ ම ඵල හටගන්නවා ය කියලයි මං අසා තියෙන්නේ. රෑ ජාමෙක උයනට පැන ගත්තොත් නං අඹයක් උස්සන්ට ඇහැක් වේවි. කොහොම හරි අපේ හාමිනේගේ දොළදුක සංසිඳුවන්ට එපායැ.'

මෙහෙම සිතා මොහු රෑ ජාමෙක රජ්ජුරුවන්ගේ අඹ උයනට පැනගත්තා. අඹ ගහකටත් ගොඩ වුණා. කලුවරේ ම අඹ අත්තක් ගානේ යනවා. ඒත් අඹයක් සොයා ගන්ට නෑ. දන්නේ ම නැතිව එළිය වැටුනා.

'ඕහ්... එළිය වැටුනා නොවැ. මේ වෙලාවේ මං ගහෙන් බැහැලා ගියොත් හොරෙක් ය කියා මාව අල්ලාගනීවි. රෑ වුනාම පැනගන්නවා' කියලා සිතා අඹ අතු අස්සේ සැඟවුනා.

ඒ දවස්වල බරණැස් රජ්ජුරුවෝ පුරෝහිත බ්‍රාහ්මණයාගෙන් මන්ත්‍ර ඉගෙන ගන්නවා. බෝධිසත්වයෝ සැඟවී සිටි ගස යටටයි ඔවුන් ආවේ. රජ්ජුරුවෝ උස් ආසනයක වාඩිවුනා. පුරෝහිත බ්‍රාහ්මණයා ඇවිත් රජ්ජුරුවන්ට ගරුසරු දක්වා මිටි අසුනක වාඩි වුනා. දැන් ආචාර්යවරයා මන්ත්‍ර කියනවා. එය අසාගෙන ශිෂ්‍ය රජතුමා මන්ත්‍ර කියනවා. ගස උඩ සැඟවී සිටි බෝධිසත්වයෝ මෙය දැක්කා.

'හෑ... පුදුම වැඩක් නොවැ. දැන් මෙතැනදී රජ්ජුරුවෝ ශිෂ්‍යයෙක් නොවැ. එතකොට ශිෂ්‍යයා ඉන්නේ උස් අසුනක. හෝ... මේ රජ්ජුරුවෝ ඉගෙන ගන්නා දෙයට ගරු නොකරන අදැහැමියෙක්... ඕං අනිත් වැඩේ! ආචාර්යවරයා මිටි අසුනක. මේ ආචාර්යවරයාටත් තමන් උගන්වන ශිල්ප ශාස්ත්‍රය ගැන ගෞරවයක් නෑ. මෙයාත්

අධාර්මිකයි... ඕ... ඒ විතරක් යැ. මාත් මේ කොරන්නේ හරි වැඩක් යැ. ගෑණියෙකුට වසඟ වෙලා මගේ ජීවිතය ගැනවත් නොබලා අඹ හොරකමේ ආවා නොවැ. මාත් අධාර්මිකයි.' මෙහෙම සිතලා බෝධිසත්වයෝ ඒ අඹ ගසින් බසිද්දී අඹ අත්තක එල්ලීගෙන මේ ගුරුන්නාන්සෙයි ගෝලයයි මැදට පැන්නා. "අනේ දේවයන් වහන්ස, මං විනාසයි! තමුන්නාන්සේත් මුළා වෙලා! මේ පුරෝහිතතුමාත් මළා තමයි!"

"ඕ... කව්ද තෝ...? මොකක්ද මේ කියාපු හරුපේ?" කියලා ඇසූ විට බෝධිසත්වයෝ මේ පළමු ගාථාව පැවසුවා.

(1)

මහරජුනේ අපි තිදෙනා මේ දැන් කළ
- හැම දෙයක් ම ළාමකයි
උගන්වනා ගුරුවරයත් - ඉගෙන ගන්න ගෝලයත්
දෙන්නම දැක්කේ නෑ නොවැ
- ශිල්ප ඉගෙන ගන්නා ඒ පුරාණ ගුණදම්
මිටි අසුනක වාඩිවෙලා
- ගුරුවරයා මන්ත්‍ර උගන්වන්නේ
උස් අසුනක වාඩිවෙලා
- ගෝලයාත් මන්ත්‍ර ඉගෙන ගන්නේ
ශිල්පෙට ගරුසරු ඇති බව - දෙන්න තුළ ම නැත්තේ
දෙන්නම දැන් ඒ ගුණයෙන් - චුත වී නොවැ ඉන්නේ

එතකොට බ්‍රාහ්මණයා දෙවෙනි ගාථාව කිව්වා.

(2). ඇල් හාලේ බතුත් එක්ක
- නොයෙක් ව්‍යංජනත් එක්ක
මියුරු මස් රසත් සමගින්

- කන්ට බොන්ට ලැබෙනවා
එනිසා ඔය ගැන එතරම්
- මං ගණනට ගත්තෙ නෑ
පුරාණ ගුණ දම් ඔබ කියූ
- සෘෂිවරු නොවැ පුරුදු කොළේ!

එතකොට බෝධිසත්වයෝ නැවතත් මේ ගාථාවලින් පිළිතුරු දුන්නා.

(3). එහෙනම් ඔබ යන්ට වෙනින් තැනකට
- ලෝකය හරි විශාල නොවැ
ලොව සිටිනා හැම දෙනාම - උයා පිහා කනවා
ගලක හැපී බිඳී නැසෙන
- කළයක් වැනසෙනා ලෙසින්
ඔබ තුළ ඇති ඔය අධර්මය
- ඔබව නසාලන්ට එපා

(4). අධර්මයක් තුළින් ලැබෙන
- යශස් ලාභ යමක් ඇද්ද
නොයෙකුත් ධන ලාභ ඇද්ද
- එයිනුත් නොනැවතී බමුණ
තමා නිරය තෙක් ගෙනියන
- අධර්මයක් මෙහි තිබේ ද
ඒ අධර්මයට නින්දා වේවා !

බෝධිසත්වයන්ගේ කතාව අසා සිටි රජ්ජුරුවෝ පුදුම වුනා. "හැබෑට මනුස්සයෝ... ඔහේ කවුද? මොකද්ද ඔහේගේ කුලේ?"

"දේවයන් වහන්ස, මං සැඩොලෙක්. අපේ බිරිඳට දොළදුකක් උපන්නා. ඈට අඹයක් කන්ට ඕනෑලු. මේ

කාලේ අඹ අවාරේ. බැරිම තැනයි මං අඹයක් හොයාගෙන ආවේ. ගෑණියෙකුට වසඟ වෙලා මගේ අතිනුත් මේ වුනේ අධර්මයක්.”

“පුත්‍රයා... උඹ නීච ජාතියේ නූපන්නා නම්, හොඳ ජාතිසම්පන්නයෙක් උනානම් මං උඹට රාජ්‍යය ම දෙනවා. කෝ... මෙහෙට වරෙන්... මං ළඟට වරෙන්” කියලා රජ්ජුරුවෝ ගෙලේ පැළඳගෙන සිටි මල් මාලේ ගලවා බෝධිසත්වයන්ගේ ගෙලේ පැළඳුවා. “පුත්‍රයා, මෙතැන් පටන් රාත්‍රී කාලයට උඹ රාජ සම්පත් අනුභව කරපං. මං දිවා කාලයේ රාජ්‍ය සම්පත් අනුභව කරන්නම්” කියලා නගරාරක්ෂක තනතුරු ප්‍රදානය කළා. රජ්ජුරුවෝ එදා පටන් ගුරුවරයාට ගරුසරු දැක්කුවා. ශිල්පයටත් ගරුසරු දැක්කුවා. තමා කුඩා ආසනයක වාඩිවෙලා ගුරුවරයා උස් අසුනක වාඩි කරවා මන්ත්‍ර ඉගෙන ගත්තා. ඒ නගරගුත්තිකයාගේ පරම්පරාව තමා රතු මල් මාලයක් පැළඳගෙන උන්නේ.

මහණෙනි, එදා රජ්ජුරුවෝ වෙලා සිටියේ අපගේ ආනන්දයෝ. සැඩොල් පුත්‍රයා වෙලා සිටියේ මම ය කියා භාග්‍යවතුන් වහන්සේ මේ ජාතකය නිමවා වදාළා.

10. සයිහ ජාතකය

සයිහ ඇමතියා බෝධිසත්වයන් කැඳවාගෙන එන්ට ගිය කතාව

පින්වතුනේ, පින්වත් දරුවනේ,

නුවණැත්තා යමක් කරන්ට කලින් දෙවතාවක් සිතා බලනවා. තමන් ගන්නා තීරණය තමන්ට අනාගතේ කෙසේ බලපානවා දැයි විමසා බලනවා. අපගේ භාග්‍යවතුන් වහන්සේ තම ශ්‍රාවකයන්ට නිතර අවවාද කළේ ඒ ආකාරයටයි. මෙයත් එබඳු කතාවක්.

ඒ දිනවල අපගේ භාග්‍යවතුන් වහන්සේ වැඩ වාසය කොට වදාළේ සැවැත්නුවර ජේතවනයේ. ඔය කාලේ සැවැත් නුවර සිටි තරුණයෙක් ඉතා ශ්‍රද්ධාවෙන් පැවිදි වුනා. දවසක් මේ භික්ෂුව නගරයේ පිඬු සිඟා යද්දී අලංකාර වස්ත්‍ර හැඳ පැළඳගත් දෙවඟනකගේ ශෝභා ඇති ස්ත්‍රියක් දකින්ට ලැබුනා. එතකොට මේ භික්ෂුව වහා ඉඳුරන් සංවර කරගෙන නුවණින් සලකා ඒ අරමුණ බැහැර කළේ නෑ. සිතේ අකුසල් වැඩෙන ආකාරයට කල්පනා කළා. ටික දවසක් යද්දී සිල් ගුණ දම් රැකීමෙන්, වත් පිළිවෙත් කිරීමෙන් සිතේ ඇති වූ සතුට නැතිව ගියා. තමන්ට පින් මදිව ඇති කියා ගිහි වෙන්ට කල්පනා කළා. මෙය දැනගත් භික්ෂූන් වහන්සේලා ඒ භික්ෂුව භාග්‍යවතුන් වහන්සේ වෙත කැඳවාගෙන ගියා.

"ඇයි භික්ෂුව, ඔබට පැවිදි ජීවිතය ගැන කලකිරීම ඇති වෙලා ආයෙමත් ගිහිවෙන්ට සිතුවේ?"

එතකොට ඒ භික්ෂුව තමන්ට සිදු වූ ඇබැද්දිය කියා සිටියා. භාග්‍යවතුන් වහන්සේ මෙසේ වදාළා.

"භික්ෂුව, සතර අපා භයින් නිදහස් කරවන, නිවන අවබෝධ කරවන ඉතාමත් දුර්ලභව ලොවට උදාවෙන බුදු සසුනක පැවිදි වූ ඔබට ස්ත්‍රී රුවක් දුටු පමණින් බඹසරට ඇල්ම නැති වුනා. නමුත් ඉස්සර සිටිය නුවණැත්තෝ තමන්ට ලැබෙන්ට තිබෙන පුරෝහිත පදවිය පවා එපා කියා ප්‍රතික්ෂේප කරලා පැවිදි වුනා" කියලා භාග්‍යවතුන් වහන්සේ මේ අතීත කතාව ගෙනහැර දක්වා වදාළා.

"මහණෙනි, ගොඩාක් ඈත අතීතයේ බරණැස්පුරේ බ්‍රහ්මදත්ත නමින් රජ්ජුරු කෙනෙක් රාජ්‍ය විචාරමින් සිටියා. ඔය කාලේ මහාබෝධිසත්වයෝ රජ්ජුරුවන්ගේ පුරෝහිත බ්‍රාහ්මණයාගේ පුත්‍රයා වෙලා උපන්නා. බෝධිසත්වයෝ උපන්න දවසේ ම රජ්ජුරුවන්ගේ අගමෙහෙසියත් පුතෙක් බිහි කළා. එතකොට බරණැස් රජ්ජුරුවෝ මෙහෙම ඇසුවා.

"අපේ පුත් කුමාරයා උපන්න දවසේ තවත් දරුවෝ මෙහෙ ඉපදිලා ඉන්නවා ද?"

ඇමතිවරු මෙහෙම කිව්වා. "මහරජ්ජුරුවෙනි, අපේ පුරෝහිතතුමාටත් පුත්‍රයෙක් ඉපදිලා තියෙන්නේ අද ම යි."

"හෝ... බොහෝම හොඳා. එහෙනම් පුරෝහිත ආචාර්යපාදයන්ට කියන්ට ඕනෑ ඒ සිඟිත්තාවත් මෙහාට එක්කරගෙන එන්ට කියලා. එතකොට කුමාරයාට

තනියකුත් නෑ නොවැ.”

ඉතින් රජ්ජුරුවෝ පුරෝහිත පුත්‍රයාවත් මාළිගයට ගෙන්වා ගත්තා. දැන් රාජ කුමාරයාටත් පුරෝහිත පුත්‍රයාටත් එකම විදිහට සැලකිලි ලැබෙනවා. දෙන්නාම එකට හැදෙනවා.

දෙන්නාම වයසින් මෝරද්දී තක්ෂිලාවට පිටත් කෙරෙව්වා. ශිල්ප ශාස්ත්‍ර ඉගෙනගත්තා. දෙන්නාම ආපසු බරණැසට ආවා. පිය රජ්ජුරුවෝ රජකුමාරයාට යුවරාජ තනතුර දුන්නා. මහා යස පිරිවර දුන්නා.

එතැන් පටන් බෝධිසත්වයොත් යුවරජ්ජුරුවන් සමඟ එකට ම ජීවත් වුනා. එකට ම යි ආහාරපාන අනුභව කළේ. දෙන්නා එකිනෙකාට මහත් විශ්වාසයකින් වාසය කළා. කලක් ගත වෙද්දී පියරජ්ජුරුවෝ අභාවයට පත් වුනා. යුවරජතුමාට මහාරාජ පදවිය ලැබුනා. එතකොට බෝධිසත්වයෝ මෙහෙම සිතුවා. ‘දැන් මගේ මිත්‍රයා රාජ්‍යානුශාසනයේ යෙදෙනවා. අනිවාර්යයෙන්ම ඊළඟට මට පුරෝහිත පදවිය පිරිනමනවා. අනේ මට මේ පුරෝහිත පදවියකුත් අරගෙන ගිහි ජීවිතයක් ගත කරලා මැරිලා යන එකේ තේරුම මොකද්ද? ඊට වඩා කොයිතරම් හොඳයි ද පැවිදි වෙලා පාඩුවේ විවේකයෙන් වාසය කරන එක.

මෙහෙම සිතලා බෝධිසත්වයෝ සිය මාපියන්ට වන්දනා කොට අවසර ගත්තා. විඳිමින් සිටි මහා සැප සම්පත් අත්හැරියා. හුදෙකලාවේ ම හිමාල වනය බලා පිටත්ව ගියා. සිත්කලු භූමිභාගයක කුටියක් හදාගෙන ඍෂි පැවිද්දෙන් පැවිදි වුනා. සුළු කලකින් ධ්‍යාන අභිඥා උපදවාගෙන සතුටින් වාසය කළා.

රජ්ජුරුවන්ට තමන්ගේ මිත්‍ර බ්‍රාහ්මණ තරුණයාව මතක් වුනා. "කෝ මගේ මිත්‍රයා... මට ටික දවසකින් දකින්ට ලැබුනේ නෑ. කොහේවත් ගිහින් ද?"

"දේවයිනි, අපට ආරංචි වුනා. එතුමා ගිහි ජීවිතේ අත්හැර ඍෂි පැවිද්දෙන් පැවිදි වෙලා හිමාල වනයේ වාසය කරනවාලු."

"හෑ... එහෙම කොහොමද! මං එතුමාව මේ සොයන්නේ පුරෝහිත පදවිය පිරිනමන්ටයි. මේ... සයිහ අමාත්‍යය, ඔබට මේ වැඩේ කරන්ට පුළුවනි. ඔබ හිමාලයට යන්න. ගොහින් මගේ මිත්‍රයා කැඳවාගෙන එන්න. මං පුරෝහිත පදවිය පිරිනමන්ට සියල්ල සූදානම් කර ඇති වග කියා ඔහුව ඉක්මනින් කැඳවාගෙන එන්ට."

එතකොට සයිහ ඇමතියා සේනාවත් අරගෙන හිමාල වනයට ගියා. සේනාව වනයට ආසන්න ගමක කඳවුරු බැඳගත්තා. වනයේ ඇවිදින අයත් සමඟ සයිහ ඇමතියා බෝධිසත්වයන්ගේ කුටිය සොයාගෙන ගියා. බෝධිසත්වයෝ කුටිය ඉදිරියේ රන් පිළිමයක් වගේ භාවනානුයෝගීව සිටිනවා දැක්කා. දැකලා ළඟට ගිහින් වන්දනා කළා. සුවදුක් කතාබහේ යෙදිලා පැමිණි කාරණාව දැනුම් දුන්නා.

"ස්වාමීනී, මං තමුන්නාන්සේ බැහැදකින්ට ආ කාරණාව මේකයි. අපගේ රජ්ජුරුවන් වහන්සේ තමුන්නාන්සේට පිරිනමන්ට පුරෝහිත පදවියේ සියලු කටයුතු සූදානම් කොට අවසානයි. තමුන්නාන්සේගේ පැමිණීම තමයි දැන් උන්නාන්සේ බලාපොරොත්තුවෙන් ඉන්නේ."

එතකොට බෝධිසත්වයෝ මෙහෙම පිළිතුරු දුන්නා. "මේ... මිත්‍රයා... ඔය පුරෝහිත පදවිය නොවෙයි මුළු කාසි කෝශල දඹදිව් රාජ්‍යය ම දුන්නත්, චක්‍රවර්ති රාජ්‍යය දෙනවා කිව්වත් මගේ ආපසු යාමක් නෑ. මිත්‍රයා... මේ ලෝකේ නුවණැත්තෝ ඉන්නවා. එයාලා එක් වතාවක් අත්හළ කෙලෙස් ආයෙමත් ගන්නේ නෑ. එක් වතාවක් කටින් බැහැර කළ කෙළ පිඬ ආයෙමත් කටට ගන්නේ නෑ" කියා මේ ගාථාවන් පැවසුවා.

(1). මහා සයුර වටකොට ඇති
- මේ මහා පොළෝ තලේ
කොඬොල් අබරණක් විලසට
- බැබලේ මහාසයුරේ
එහෙත් දැහැන් සුවය ලබන
- මේ උතුම් පැවිදි දිවි අත්හැර
එය ලබන්ට අකැමති බව
- සයිහය තොප දැනගත මැන

(2). අධර්මයක් තුළින් ලැබෙන
- යශස් ලාභ යමක් ඇද්ද
නොයෙකුත් ධන ලාභ ඇද්ද
- එයිනුත් නොනැවතී බමුණ
තමා නිරය තෙක් ගෙන යන
- අධර්මයක් එහි තිබේද
ඒ අධර්මයට නින්දා වේවා!

(3). සැම ගිහි බන්ධන අතහැර - පාත්‍රයක් අතට රැගෙන
ලද දෙයකින් යැපී වසන - ජීවිකාව උතුම් ය මට
එය දැහැමින් ලද දෙයක් ය

(4). සැම ගිහි බන්ධන අතහැර
- පාත්‍රයක් අතට රැගෙන
ගත කරනා පැවිදි දිවිය
- කාටවත් ම නැත හිංසා
ලොව රජ පදවියට වඩා
- මේ පැවිදි දිවිය මට උතුම් ය

බෝධිසත්වයෝ මෙසේ කී විටත් සයිහ ඇමතියා නැවත නැවතත් බෝධිසත්වයන්ගෙන් බරණැස යමු කියලා ඉල්ලා සිටියා. බෝධිසත්වයන්ගේ අදහස වෙනස් වුනේ නෑ. අන්තිමේදී බෝධිසත්වයන්ට වන්දනා කළ ඇමතියා හිස් අතින් පිටත්ව ගොස් ඔහු නොඑන බව රජ්ජුරුවන්ට දැනුම් දුන්නා."

මේ ජාතකය වදාළ අප භාග්‍යවතුන් වහන්සේ චතුරාර්ය සත්‍ය ධර්මය දේශනා කොට වදාළා. ඒ දේශනාව අවසානයේ තමන්ට පින් නැති නිසා සිවුර හැර යන්ට ඕනෑ කියා සිතා සිටි භික්ෂුව සෝවාන් ඵලයට පත් වුනා. නෛෂ්ක්‍රම්‍යයේ අනුසස් ඇසූ තවත් බොහෝ භික්ෂූන් සෝවාන් ආදී මාර්ගඵලයන්ට පත්වුනා.

"මහණෙනි, එදා බරණැස් රජු වෙලා සිටියේ අපගේ ආනන්දයෝ. සයිහ අමාත්‍යයා වෙලා සිටියේ අපගේ සාරිපුත්තයෝ. පුරෝහිත පුත්‍රයාව සිටියේ මම" යි කියා භාග්‍යවතුන් වහන්සේ මේ ජාතකය නිමවා වදාළා.

පළමුවැනි චීවර වර්ගය යි.

මහාමේඝ ප්‍රකාශන

පූජ්‍ය කිරිබත්ගොඩ ඤාණානන්ද ස්වාමීන් වහන්සේ විසින් රචිත
සියලුම සදහම් ග්‍රන්ථ සහ ධර්ම දේශනා ලබාගැනීමට

ත්‍රිපිටක සදහම් පොත් මැදුර

අංක 70/A/7/OB, YMBA ගොඩනැගිල්ල, බොරැල්ල, කොළඹ 08
දුර : 077 47 47 161 / 011 425 59 87
ඊ-මේල් : thripitakasadahambooks@gmail.com

www.ingramcontent.com/pod-product-compliance
Lightning Source LLC
Chambersburg PA
CBHW060655030426
42337CB00017B/2636
* 9 7 8 9 5 5 6 8 7 1 5 2 4 *